XXVI.

Reserve
1871.

le Colporteur

MEMOIRES
DE L'ACADEMIE
DES
COLPORTEURS.

DE L'IMPRIMERIE ORDINAIRE
DE L'ACADEMIE.

MDCCXLVIII.

AVANT-PROPOS.

TEL que soit un Corps, il mérite une sorte de considération, & il lui est permis de faire ses remontrances, quand il est lézé & offensé.

Ce Principe posé, il ne fut jamais rien de plus juste que les plaintes présentées au Public par le Corps des Colporteurs.

L'usage du monde nous a appris que le personnel le touche peu, s'il n'est enveloppé sous quelques formes étrangéres ; ainsi nous avons fait choix de nos meilleures Plumes pour retracer quelques-uns des malheurs arrivés à plusieurs de nos Membres; car les rapporter tous, qui pourroit les colporter ? Mais ce qui nous paroît inconcevable, c'est la situation dans laquelle nous avons été attaqués, lorsque les Dames les plus aimables nous étoient associées, lorsque les hommes les plus agréables s'unissoient à nous pour donner aux Auteurs des preuves à peu de frais de leur protection, en même tems qu'ils témoignoient leur goût pour l'esprit. Quand les gens du monde se mêlent d'un métier qu'ils ne devroient point faire, c'est pour l'ordinaire au désavantage du Corps qui l'exerçoit ; mais aussi ce même Corps en retire une protection & un honneur qui le mettent à l'abri de certains inconvéniens. Voilà ce que nous devions espérer, voilà ce que nous n'avons pas éprouvé.

Après avoir gémi long-tems dans le silence, nous allons rapporter des faits qui mettront en action nos pertes & nos douleurs.

Etre plaint par d'honnêtes gens, c'est la consolation de la Probité. Nous espérons de leur justice & de leur intelligence, qu'ils nous pardonneront encore plus volontiers toutes les fautes d'une Edition furtive qui n'a pu se faire sous les yeux du Secretaire de notre Academie.

TABLE
DES PIECES
CONTENUES DANS CE VOLUME.

IDე́E générale de la Société des Colporteurs, nécessaire à l'intelligence de cet Ouvrage, Page 1

Voyages d'un Cul-de-jatte, Colporteur, 5

Histoire du Sorcier Galichet, 32

La Toilette, ou les Arrêts du Destin, 47

Podamir & Christine. Nouvelle Russienne, 55

Suite de l'Histoire de Podamir, 66

Histoire du sieur Boniface, 76

Histoire de Catherine Cuisson qui colportoit, 86

La Reine de Congo, Tragédie, donnée, autant qu'il a été possible, par Extrait, avec l'Histoire de l'Auteur par rapport à la Piéce, 105

a v

Manuscrit perdu, 128
Lettre de Jean Loncuart à M. D. L. B. 157
La Male-Bosse, nouvelle Nuit de Straparole, 188
Memoire de Simon Collat, dit Placard, Maître Afficheur, Donneur d'Avis, & Juré-Crieur des choses perdues, 241

MEMOIRES

MEMOIRES
DE L'ACADEMIE
DES COLPORTEURS.

Idée généralle de la Société des Colporteurs, néceſſaire à l'intelligence de cet Ouvrage.

IL ne s'agit point ici des Colporteurs choiſis & examinés par la Chambre Syndicale, & reçûs par M. le Procureur du Roy, qui ſont au nombre de 120. qui ont des Patentes, une Médaille, &c. il eſt queſtion d'une autre eſpéce plus utile aux amuſemens de Paris, & dont il y a trois Claſſes diſtinguées & ſéparées.

Ceux de la premiére ſont tout au plus quatorze : ils ont des Ouvrages Manuſcrits, qu'ils mettent en ſociété pour l'impreſſion & qu'ils appellent *de la Moruë*. Ces

A

quatorze ne font connus que de quatre de la feconde Claffe, dont les Membres vont dans les Grandes Maifons, tandis que ceux qui font de la troifiéme Claffe ne travaillent que dans les Caffés & les Hôtels garnis.

Les quatre de la feconde Claffe, qui communiquent avec ceux de la premiére, ont coutume d'indiquer le Cabaret où l'on doit fe trouver pour traiter des affaires de la Compagnie; car on évite de fe trouver trop fouvent dans le même endroit, crainte d'être *remouché*. Au refte, en entrant dans cette Société on fait ferment de ne jamais nommer perfonne, fi l'on avoit le malheur d'être arrêté; & fi l'on avoit fauffé fon ferment, on feroit banni pour toujours du corps, difgrace qui ne difpenferoit pas le Banni, de recevoir, toutes les fois qu'il feroit rencontré, un nombre raifonnable de coups de bâtons.

DES COLPORTEURS.

Il y a dans la première Classe des gens de tête, d'esprit & de jugement. Le Pere La Fontaine, par exemple, mérite d'être à jamais célébré ; ce grand Homme ne sçait pas lire il est vrai, (sans doute que ses lumiéres en sont plus nettes ;) on lui fait la lecture à l'Assemblée de quelques pages d'un Ouvrage imprimé ou manuscrit, cela lui est égal, aussi-tôt sans balancer & sans jamais s'être trompé, ce Viellard respectable dit, *vela qui est bon, il y a de la Moruë ; ou, ça ne vaut pas un chien mort.*

En un mot, c'est là le Tribunal, où, comme chez le Juge des Enfers, les Auteurs viennent subir leur destinée, aussi suivant cette prompte décision, le corps se charge, ou refuse, bien entendu cependant que l'Etat ou la Religion *ont leurs brayes nettes* : Ce sont encore les termes de ce Pere aux autres, dont Dieu bénisse les jours. Sa critique sur les

Libraires est admirable, il fait leur portrait dans la perfection : il trouve ainsi que Messieurs les Auteurs, qu'ils gagnent trop, & qu'ils font trop les entendus ; ainsi il engage autant qu'il le peut la Société d'avoir affaire directement aux Imprimeurs : c'est alors qu'un intérest général animant tout le Corps, un Ouvrage ne tient point du pied à terre, & qu'il se trouve pour ainsi dire enlevé dans la minute ; tout le Corps travaillant avec ardeur pour le faire *aller*. Enfin sous les ordres & par le conseil de ce grand Homme, sans *la pousse*, nous serions trop heureux ; nous nous sommes plaints au Ciel de *D***, mais comme l'âne qui vouloit changer de maître, nous avons P** *à nos culotes* ; Dieu vous en garantisse ainsi que nous, mon cher Lecteur, & nous mette tous en état de chanter la Mere Godichon.

Le Cul de Jatte.

VOYAGES
D'UN CUL-DE-JATTE,
Colporteur.

RIEN n'est plus capable de former l'esprit que les Voyages, c'est une vérité reconnue de tous les tems, & les Voyages ont été toujours regardés comme une des parties les plus essentielles de l'éducation.

On est cependant étonné de voir tant de gens dépenser inutilement beaucoup d'argent à faire le tour de l'Europe pour rapporter chez eux un peu plus de ridicule qu'ils n'en avoient auparavant. La raison en est simple, la réflexion seule peut nous rendre utiles les choses que nous voyons, & l'on entreprend de si grands voyages qu'il faut les faire avec précipitation, & par conséquent ne rien voir avec l'attention nécessaire pour former l'esprit. Ce seroit ici la place d'une critique de tous les Voyages qui ont paru. Comme je n'en ai lû aucun, ma critique ne seroit peut-être pas exacte, & je n'ai point besoin de prouver une vérité aussi reconnue. Il n'est par exemple point de plus grands Voyageurs que les Couriers du Cabinet; il n'est point aussi de Voyageurs moins instruits, & par proportion, le plus ou moins de précipitation des Voyageurs est la mesure de leur ignorance. Peut-être ai-je obligation à la nature de m'avoir mis hors d'état d'aller aussi vîte que les autres. J'ai moins voyagé, c'est-à-dire que j'ai parcouru moins de païs; mais j'ose dire que j'ai vu plus de choses, puisque la lenteur de ma marche m'a donné le tems de voir tout ce qui se pouvoit voir dans les lieux où j'ai passé, & de méditer profondément sur ce que j'ai vu.

DES COLPORTEURS.

Je nâquis il y a déja assez longtems dans la boutique d'une Grénetiére qui logeoit dans une petite rue qui conduit au carrefour, qui mene à la Place de Sorbonne. Quoique notre fortune ne fût pas alors brillante, il est certain que ma mere avoit passé sa vie dans la plus grande élévation ; elle avoit été Danseuse de corde, & les tours admirables qu'elle faisoit même sur la corde lâche, lui avoient acquis (outre l'admiration publique) un petit bien assez honnête.

Ma mere avoit quitté la haute place qu'elle avoit si bien remplie, & cédant à une sœur aînée que j'avois, l'avantage d'amuser le Public, elle s'étoit établie maîtresse à danser : elle avoit choisi pour sa demeure le quartier de l'Université comme celui de Paris où il y a le plus de Jeunesse. L'arrivée de l'Infante lui inspira l'ardeur de contribuer à la joie publique, en se remontrant sur le Théâtre, qu'une Troupe, dont ma sœur étoit, fit dresser sur la Place d'Etampes. Les applaudissemens l'animerent, elle oublia qu'elle étoit grosse de sept mois, & en voulant faire le grand écart, duquel cependant elle avoit toujours conservé l'habitude, elle retomba à cheval sur la corde lâche si rudement qu'il fallut sur le champ l'emporter. On la ramena à Paris, mais comme les douleurs augmentoient, on fut obligé de l'arrêter chez la Grénetiere dont j'ai parlé, & chez qui ma mere me mit enfin au monde. Mais je m'étois ressenti de sa chûte, la secousse m'avoit fait rentrer totalement les jambes; il est vrai que j'en avois le ventre beaucoup plus gros. Enfin, la Sagefemme décida tout d'un coup que n'aiant point de jambes, je serois Cul-de-jatte, ce qui m'est arrivé.

Telle est l'Histoire de ma mere & celle de ma naissance.

DES COLPORTEURS. 9

Mon pere étoit....... plusieurs prétendent qu'il étoit Huissier à verge ; en effet ma mere m'a souvent dit qu'il la menoit à la baguette ; mais je n'ai jamais rien sçu de positif sur son compte. Mes premiéres années furent comme celles de tous les enfans, je tetai, je pleurai, je criai, je pissai au lit, c'est-à-dire, sur la petite paillasse où l'on me couchoit, car les révolutions du systême avoient dérangé notre petite fortune.

Si-tôt que je pûs être en état de me servir de mes mains, on se hâta de m'apprendre à marcher, à l'aide d'une petite cuvette de bois dans laquelle j'étois assis & de deux petites bequilles. Nous voyions assez peu de monde ; quoi que ma mere fît l'impossible pour avoir des amis, rien n'égale la joie excessive qui s'emparoit d'elle quand quelqu'un venoit la voir. Si elle n'eût fait cet accueil qu'à une seule personne, sa réputation en eût souffert ; mais comme, à quelques nuances près, son ravissement étoit le même dès qu'il arrivoit quelqu'un, ceux qui la connoissoient lui rendoient justice, & convenoient que c'étoit les hommes en général qu'elle aimoit, sans avoir de goût bien réel pour aucun ; il est même vraisemblable qu'après les épreuves qu'elle avoit faites des malheurs de l'amour, elle n'étoit pas tentée de s'y livrer : aussi malgré ce qu'elle conservoit encore de beauté, on ne voyoit gueres de gens attachés long-tems à elle, que ceux qui craignent plus les faveurs que les rigueurs de leurs maîtresses.

Un Officier Invalide étoit le moins guai, mais le plus infatigable de ses adorateurs; le souvenir m'en fait bâiller encore : c'étoit un galant homme certainement, mais mon corps eût aisément suivi son esprit; amateur passionné de la Raison, il l'eût fait aimer s'il l'avoit vêtue d'un moins

DES COLPORTEURS.

grand deuil ; mais dévoué outre mesure au bon sens & aux détails, il mettoit des principes dans la façon de donner un bouquet, & des circonstances si détaillées dans les récits, qu'on n'avoit jamais la patience d'attendre la morale par où il les finissoit : la gêne de sa contenance parfaitement assortie à l'arridité de son esprit, annonçoit à la premiére vue, un fonds de tristesse inépuisable. Il faut convenir qu'il étoit homme de parole.

Ma mere qui, si elle se fût piquée d'esprit, n'auroit pû viser qu'à celui de réflexion, s'accommodoit assez de ce caractere : ami d'ailleurs de la décence la plus compassée, respectueux à faire évanoüir, il n'eût jamais rien exigé de quelqu'un à qui il avoit accordé son estime ; je ne sçai même s'il n'auroit pas poussé la soumission ou la galanterie jusqu'à être confident au cas de besoin, trop heureux de prouver la vérité de son amour par ce sacrifice.

Tel étoit le Complaisant le plus ordinaire de ma mere, heureux si j'avois imité sa vertu ; je crains bien que le Lecteur ne trouve que je n'ai imité que sa pesanteur.

Quelques autres amis de ma mere partageoient avec celui-ci l'avantage de composer son cortége presque par-tout où elle alloit, & surtout à la promenade qui étoit son amusement favori ; mais il n'y en avoit aucun qui méritât une attention particuliére, & quand il s'en seroit trouvé un par hazard qui eût pû être soupçonné de quelque préférence intime, je me garderois bien d'en parler, & j'attribuerois ces prétendues apparences plus à la négligence de ma mere sur sa conduite extérieure, qu'à rien de réel.

Peut-être l'envie de m'accoutumer à marcher étoit le motif de ses promenades : peut-être aussi étoit-ce une habitude contractée d'abord par hazard, & qu'elle a toujours suivie depuis sans réflexion. Cette promenade ne me fut pas inutile; quand j'eus attrapé dix ans, mon tempérament parut prendre le dessus; d'ailleurs à force d'habitude j'avois contracté un peu de facilité à marcher, & je fis enfin le tour de la Place de Sorbonne. J'étois assez sujet à ma bouche, infirmité qui me venoit de famille : je trouvai sur les pas de la Sorbonne la bonne mere Dufour qui y vendoit ou donnoit à succer la noix confite aux jeunes Ecclésiastiques qui venoient faire leur cours de Théologie; elle eut pitié de ma situation, & quand tout le monde fut sorti, elle me donna la noix confite qui avoit été succée ce jour-là par une bonne partie de l'Université; elle m'en promit autant quand je reviendrois : on peut juger de mon empressement à la revoir. Je commençois alors à sortir seul; j'en profitai pour partir de chez nous tous les jours dès le matin, afin d'être arrivé à midi pour la noix confite ; communément j'y étois long-tems auparavant. Je ne puis m'en repentir ; à force de sûccer les restes de l'Université, je m'apperçus que j'en prenois les goûts. J'ose dire que c'est de là que m'est venu le goût de la Littérature; nourri dans les Sciences, je les aimai, & ce goût m'est toujours cher, malgré les malheurs qu'il m'a attirés, comme le verront ceux qui auront la patience de me lire jusqu'à la fin. Je m'apperçus bien-tôt par la réüssite de ce petit voyage, que si je pouvois aller plus loin, je m'instruirois encore mieux, & je resolus d'entreprendre le tour de Paris. Ma mere qui ne me destinoit qu'à une place de donneur d'Eau-benite, qu'on lui faisoit espérer à Saint Estienne du Mont, frémit d'abord de mon projet, elle m'en représenta les inconvéniens, la grandeur de Paris, les différentes mœurs des quartiers différens, le peu d'accueil que l'on y fait aux étrangers, & l'impossibilité où elle étoit de m'équiper convenablement pour un pareil voyage. Ses remontrances furent inutiles, la résolution en étoit prise; l'Abbé Viquette que j'avois vû en Sorbonne m'avoit promis de me recevoir chez son pere qui étoit Imprimeur dans la rue S. Jacques, & de me donner ensuite des recommandations pour les autres quartiers: il ne m'en falloit pas davantage. La Jeunesse est imprudente, je partis malgré les oppositions de ma mere, & la longue suite de choses sensées que m'exposa très-lentement notre très-sérieux Invalide.

Je fus assez bien reçu d'abord chez M. Viquette où j'arrivai le jour même de mon départ. Mlle. Ninon sa fille étoit née compatissante, elle proposa de me garder, & que quand son frere l'Abbé auroit une Cure, il me donneroit une place à la porte de son Eglise. Le bon homme de pere y consentoit, mais sa femme qui n'approuvoit pas toujours ses décisions s'y opposa. Vraîment, dit-elle, voilà un joli Bijou à garder dans ma maison, comme si nous n'avions pas déja assez d'emplâtres, sans vous compter mon mari ; je n'aurois qu'à voir un magot comme cela dans une grossesse : apparemment que M. Viquette trouve que je ne dois plus rien craindre de ce côté-là. Fi, cela est honteux, il ne vous falloit pas une femme comme moi ; allez, il ne vous convient pas d'avoir de ces façons-là avec une honnête femme, parce que j'ai fait la sottise de vous épouser en quittant la coëffe blanche ; il semble que vingt-deux ans de mariage fassent un siécle. Mais voyez-le un peu, voilà-t'il pas un homme bien tourné pour croire que je ne suis bonne

à

à rien. Ah pardi, mon ami, de ce côté-là comme de tous les autres, je ne serois pas embarrassée de vous faire voir que vous ne serez jamais qu'un sot auprès de Madame Viquette, mais je saurai me tenir sur mon quant à moi; vous n'avez qu'à y venir, je voudrois voir cela. Quand je dis cela, ce n'est pas que je m'en soucie, mais une honnête femme est sensible aux attentions, & on ne se fait pas à se voir mésestimer. M. Viquette s'étoit prudemment retiré vers les deux tiers de la harangue de Madame, qui tout de suite fit à sa fille la plus belle morale du monde sur le mariage : Tenez, Ninon, lui dit-elle, voilà ce qu'on gagne à se marier, un homme n'a qu'à vous faire un enfant tout de travers, & puis vous voilà chargée d'une bête épaulée qui n'est bonne ni à rôtir ni à bouillir. Madame Viquette dit encore mille belles choses que j'ai grand regret d'avoir oubliées; mais comme elle étoit, à

B

un peu de promptitude près, la meilleure personne du monde, elle finit par consentir que je resterois huit jours ; elle mit pour condition que je me tiendrois sur le pas de la boutique pour avertir quand il viendroit quelqu'un. Je m'en trouvois fort bien, je voyois les passans, & comme j'étois près de terre, je voyois mieux qu'un autre mille choses plaisantes, & sur-tout la jolie jambe de Mlle. Ninon, quand elle venoit travailler sur la porte.*A Paris, il est aisé à un homme qui a tant-soit-peu de monde de faire bien-tôt des connoissances, quand il est toujours sur le pas d'une porte : aussi eus-je bien-tôt fait des amis, une tendre reconnoissance pour la Place de Sorbonne & les noix confites qu'on y trouve me faisoient saluer tous les jeunes Abbés de notre ruë ; s'ils passoient un peu près de

_____

* Ici l'Auteur tourne un peu court, c'est pour varier ; on trouvera dans la suite des transitions de deux pages entre deux faits de trois lignes.

moi, je rangeois mes petites béquilles, de peur qu'elles ne les fissent tomber. Ces politesses & cent autres plus recherchées encore, mais que je tairai, parce que je ne cherche pas à me vanter, me firent bien-tôt remarquer de tous ces Messieurs. Il y en eut un entre autres qui me parloit presque toutes les fois qu'il passoit ; c'étoit l'heure ; c'étoit l'adresse de sa blanchisseuse qu'il me demandoit, & cent autres questions qui commencent à établir l'estime entre les personnes qui ne se connoîtroient pas sans cela. Ce même Abbé me chargeoit quelquefois de lui garder son portefeuille ; peu à peu je devins son commissionnaire. Un jour de congé, comme il partoit pour aller se promener à Mont-rouge ou ailleurs, Cubas, me dit-il, (c'étoit mon nom) fais-moi le plaisir de donner ce paquet à Madame Lefevre, la femme d'un Répétiteur de Droit François qui vient souvent voir Mademoiselle Ninon ; je ne veux remettre ce paquet qu'en mains sûres (car ce sont les Nouvelles Ecclésiastiques) je t'ai choisi, je te crois honnête garçon, cache bien ce paquet, & donne-le lui sans qu'on le voie. Je promis tout, mon Abbé s'en alla, & moi qui étoit resté seul à la maison, car tout le monde étoit allé au Salut du premier Dimanche du mois, je n'eus rien de plus pressé que de lire les Nouvelles Ecclésiastiques, après lesquelles j'avois vû courir tant d'alguazils inutilement. Je décachette étourdiment ce paquet : quelle fut ma surprise ! Le Lecteur ne s'attend sûrement pas à la suite de ceci, ni moi non plus en vérité. C'étoit une lettre au lieu de Nouvelles, & une lettre qui me fit trop d'impression pour l'oublier jamais. La voici, on ne sera peut-être pas fâché de trouver ici un modéle de lettre galante, fait par un Monsieur qu'on voit bien qui a de belles études.

Madame & charmante Maitresse,

Ce seroit vous dérober la reconnoissance de vos bienfaits, que de ne pas vous apprendre toutes les métamorphoses que l'Amour a fait en moi depuis le jour heureux où j'ai eu le bonheur de vous connoître en faisant collation au Luxembourg. Non, Madame, les Métamorphoses d'Ovide n'en approchent pas; aussi n'étoit-il qu'un Poëte, & mon cœur me dit que vous avez les sentimens d'une Muse. Enfin, Madame, je ne suis plus le même, toute la paresse que l'on me reprochoit est disparue, mon Professeur en est surpris; & moi je sens que j'apprends mes cahiers avec autant de plaisir qu'ils me faisoient de peine, depuis que vous m'avez dit que vous n'aimiez pas les ignorans, & qu'il faudroit pour vous plaire être fort sur les Humanités. Je conçois que la science de M. votre Epoux vous rend difficile là-dessus. O trois fois heureux (& peut-être davantage) le mortel qui a pû gagner votre cœur par une science solide & profonde ! Peut-être y parviendrois-je, si jamais j'étois un Répétiteur en vogue comme lui ; peut-être ne me trouveriez-vous pas indigne de vous ; j'y travaille sans cesse : le balon, le volant, le cheval fondu, tout cela ne m'est plus de rien, je voudrois que vous puissiez voir tous les sacrifices que je vous fais. Mais vous m'avez recommandé d'être propre ; en vérité c'est un plaisir de me voir, je n'essuye plus mes plumes à mes bas, je détire mes manchettes tous les matins, je me lave les mains tous les jours de congé ; & toutes les fois que j'ai marché dans la crotte, j'essuye mes souliers avec mon mouchoir, pour n'avoir pas (comme vous dites si plaisamment) l'air d'un porteur de chaise. Enfin, je ne pouvois pas mettre la main à la plume, & je ne puis vous dire combien je l'y mets avec plaisir depuis que c'est pour vous prouver mon amour. Tant de métamorphoses, Madame, ne peuvent venir que d'une Divinité ; & votre Phisionomie charmante l'annonçoit, car c'est bien de vous qu'on peut dire après le célébre Virgile : Incessu patuit Dea. Cela perdroit à être traduit, achevez donc, Madame, de me rendre tel qu'il faut être pour vous plaire ; l'Amour vous aidera, il protége des cœurs aussi sincéres que le mien : permettez qu'il fasse mon bonheur, & ajoutez à cette grace celle de me croire avec respect,

Madame & charmante Maitresse,

Votre très-humble
& très-obéïssant serviteur
l'Abbé PINABELLE.

Je n'étois déja que trop porté à l'amour, mon cœur ne cherchoit que des prétextes, les métamorphoses de l'amour me firent espérer qu'il s'en feroit en moi de favorables. Déja l'Amour me devoit donner des jambes, me voilà décidé à aimer : mon choix tomba sur Mlle. Ninon, ses bontés m'avoient attaché, ses charmes n'eurent pas de peine à m'enflâmer, étant aussi à portée que j'étois de les voir depuis les pieds jusqu'à la tête. La premiére chose cependant qui m'occupa fut de rendre à Madame Lefevre le paquet quoique décacheté ; pour cela je le mis sous moi dans ma jatte. Quand elle vint, je lui fis signe de le prendre : elle m'entendit fort bien, mais comme je m'appuïois dessus à mesure qu'elle tiroit, elle acheva de déchirer l'enveloppe & ma tricherie réüssit. On devine aisément que la nuit suivante se passa de ma part à rêver : comment dire à Mademoiselle Ninon que je l'aime ? Comment le prendra-t'elle ? Mais elle le prendra encore moins bien si je ne lui dis pas : il faut donc parler. J'en eus bien-tôt l'occasion, elle venoit tous les matins déjeûner sur la porte, j'avois retenu ce que j'avois pû de la lettre ; j'en fis une déclaration assez passable & qui ne réüssit pas mal, car elle se mit à rire de toutes ses forces. De ce moment je fus plus hardi à lui en parler, & j'ose dire que je ne lui ai jamais parlé sans avoir le plaisir de la voir rire aux larmes : comme on est cependant troublé dans une boutique par les allans & venans, j'imaginai que si je pouvois être une nuit dans sa chambre, j'aurois tout le tems de l'entretenir ; elle couchoit dans l'arriere-boutique de plain pied, & M. & Mme Viquette dans la chambre par-delà sur le derriere. Il ne me fut pas difficile le soir pendant le souper de me glisser dans sa chambre ; je me mis sous son lit pour n'être point vû, on crut que je dormois sous le comptoir, & tout le monde se coucha. J'attendois quelques momens pour lui parler, mais elle avoit oublié une précaution en se couchant; pour la reparer elle met la main sous son lit, elle prend ma jatte au-lieu de ce qu'elle cherchoit; le poids lui paroît plus pesant que de coutume, elle n'en tire que plus fort, (car elle étoit vive;) la secousse me fait tomber violemment la tête contre le vase qui étoit auprès de moi & qui s'en va roulant jusqu'à la porte de la chambre, où il se brise. Pour comble de malheur, la chatiere étoit ouverte, & ce qui étoit dans le pot passa en grande partie par la maudite chatiere & alla inonder une pile de Factums qu'on avoit mis là en sortant de la presse. Il en falloit bien moins pour faire arriver Madame Viquette; on peut juger de sa situation quand ouvrant sa porte, elle vit les Factums inondés, le pot-de-chambre cassé, Mademoiselle Ninon tremblante & pétrifiée à genoux sur son lit, comme on est en pareil cas, avec la jatte de Cubas à la main. L'action commença par quelques soufflets que Madame Viquette accompagnoit de la harangue la plus patétique : la pauvre Ninon pleuroit de tout son cœur, & dans sa surprise laissa tomber ma jatte, dans le moment par malheur où je sortois un peu la tête hors du lit pour voir si M. Viquette ne viendroit pas au secours de sa fille. La chûte de la jatte qui m'attrapa le milieu du nez me fit faire un cri involontaire qui détourna l'attention de Madame Viquette : mais comme la jatte m'avoit couvert en même-tems la tête, le paquet informe qui se présenta à sa vûe lui parut être un Revenant pour le moins ; elle recula deux pas, la chandelle lui tomba des mains, un gros in-folio qui étoit à terre lui fit donner une entorse à laquelle je crois que Ninon & moi devons la vie. Ce fut alors que M. Viquette parut avec de la lumiere & proposa des moïens de conciliation ou du moins d'éclaircissement. On peut juger s'il fut bien reçu, Madame Viquette lui parla avec franchise, & il faut avouer que les fureurs d'Oreste paroîtroient froides auprès de la franchise de la bonne Dame ; elle se dédommageoit en propos des actions dont l'entorse la privoit : elle ne voulut entendre à rien, que pour préliminaire on ne me mît à la porte de la rue ; j'y passai la nuit. Quelles réflexions ! Le retour du jour loin d'adoucir ma peine, augmentoit mes inquiétudes ; le lever de l'aurore m'annonçoit le retour de Madame Viquette, je tremblois; heureusement son entorse la retint au lit. La charitable Ninon vint m'apprendre qu'il n'étoit pas possible que je restasse plus long-tems; elle vit toute ma douleur, elle y fut sensible. La Compassion est ingénieuse comme l'Amour; Ninon me proposa, pour avoir occasion de revenir à la maison, de me faire Colporteur, sa mere en cherchoit un pour quelques Ouvrages anonymes, l'intérêt étoit sa passion dominante. Ninon lui fit faire la proposition par M. Golo, premier Garçon de la Boutique, qui avoit sa confiance & qui a eu depuis celle de bien d'autres; il la détermina sur le champ. Ma jatte parut une cache peu suspecte : on ne me donna qu'un sol par Exemplaire & je partis. Il est aisé de juger qu'à ma démarche je ne pouvois pas prétendre aux premiers Etages, & que dans tout le chemin que j'ai fait dans Paris, je n'ai pû connoître que les mœurs des Rez-de-chauſſée, ce ſont les moins intéreſſans; le récit en ſeroit froid. Peut-être quelque jour les mettrai-je en Action ou en Vaudeville, malgré la diſtance des rues différentes où les Scènes ſe paſſeront, ſi je puis les bien dialoguer, faire parler chacun comme il doit, donner au Laquais d'une Ducheſſe un autre ton qu'au garçon d'un Procureur, & à une Marchande en boutique un propos différent d'une Fruitiere à la petite ſemaine, le Lecteur ſera plus frappé des objets que d'un récit, & les choſes ſe placeront dans ſa tête avec d'autant plus d'ordre que celui de la Piéce ſera plus extraordinaire. D'après cette réflexion on me permettra de paſſer tout de ſuite aux Evénemens intéreſſans de ma vie.

Les deux premiers Livres dont je fus chargé, furent deux Brochures. L'une intitulée, *Problême proposé à l'Académie des Sciences, pourquoi les Mulets d'Auvergne, qui ont le trou du cul rond, font des crottes quarrées.* L'autre, *l'Inutilité du Mariage.* Par une Religieuse qui a fait deux voyages aux Eaux.

Des Espions que je ne pouvois connoître avoient acheté mes Livres des premiers : on les examina. L'ignorance pardonne moins une question embarrassante qu'un blasphême ; aussi les gens du métier déciderent le problême tendant à détruire la certitude des Sciences, à établir le Pirrhonisme & à autoriser l'impiété. Le second Livre fut trouvé Janséniste, par l'éloignement qu'il inspire d'un Sacrement : & le pauvre Cubas fut le lendemain conduit au Châtelet, d'où il ne sait en vérité par où sortir.

Il est cependant véritable que je sauvai de ma jatte quelques morceaux, dont je fais préſent à mes Confreres, & dont ils m'ont promis de ſe ſervir dans le tableau de leurs miſéres; il y a quelques morceaux imparfaits.

HISTOIRE
DU SORCIER GALICHET.

ON croit qu'il n'y a de Sorciers que les Vaches Eſpagnoles; un eſprit fort a bien-tôt dit cela, mais je penſe qu'on doit plutôt s'en rapporter à moi qui ſuis un eſprit foible. Je n'en veux pour preuve que M. Galichet, qui n'étoit ni Vache ni Eſpagnol, & qui cependant avoit l'honneur d'être Sorcier.

C'eſt lui qui fit teindre un cheval bée & le vendit pour un cheval noir.

C'eſt

C'est lui qui fit passer pour l'ame d'un Jacobin une grande fille habillée de blanc qui venoit toutes les nuits voir le Pere Procureur.

C'est lui qui fit pleuvoir des chauve-souris sur le Couvent des Religieuses de Montereau, le jour que les Mousquetaires y arriverent.

C'est lui qui fit paroître tous les soirs un lapin blanc dans la chambre de Madame l'Abbesse, sans que l'on parvînt à le prendre, parce que M. Galichet avoit prédit qu'on ne pourroit l'attraper que lorsque Madame l'Abbesse serreroit les jambes.

Je ne finirois point si le souvenir des tours qu'il m'a joués ne m'ôtoit pas le souvenir de ceux qu'il a joué aux autres. Il est vrai que tout cela ne me seroit pas encore arrivé, si je n'avois voulu avoir famille. C'est sans contredit une grande peine pour un honnête homme que de se marier, tant il y a d'espéces différentes de femmes; sages, sensibles, prudes, coquettes, tristes, guayes, laides, jolies, le choix en est également embarrassant.

Les Sages n'ont que l'amour propre; elles se remercient d'une vertu dont la Nature fait souvent tous les frais; l'orgueil fait leur sévérité, l'obstination fait leur persévérance, l'aigreur forme leur caractere, elles ne veulent point d'amans, ne peuvent pas avoir d'amis. Toute la charge retombe sur le pauvre mari, qui est en vérité bien à plaindre, lorsque sa femme est impérieuse & qu'elle n'a qu'un serviteur. (Je me suis étendu sur ce portrait des femmes vertueuses, parce que c'est le défaut le plus essentiel à corriger dans la Société;) à l'égard des autres je n'en dirai qu'un mot. Les femmes sensibles sont à charge, les prudes sont trompeuses, les coquettes sont inquiétantes, les tristes sont ennuyeuses, les enjouées vous raillent, les jolies vous laissent, & les laides vous restent.

J'avois toujours fait ces réflexions pour demeurer garçon, mais il suffit de faire des réflexions pour être tenté de faire des sottises ; j'en suis la preuve, j'ai commencé par les unes & fini par les autres.

Je fus possédé du démon du mariage ; cela m'en fit acquérir un autre, qui fut ma femme malheureusement : le premier passe & le second demeure. C'étoit la fille de M. Galichet, elle s'appelloit Claudine Galichet. Je ne l'aurois pas épousée, si j'avois connu son pere pour ce qu'il étoit, mais je le croyois mon ami, c'en étoit assez pour que je ne le crusse pas Sorcier. Mademoiselle sa fille étoit un composé de toutes les Dames dont je viens d'avoir l'honneur de parler ; elle avoit la taille courte, les hanches grosses, les jambes rondes & les cuisses menuës. Ce dernier accident venoit de M. son pere, qui avoit marmoté quelques paroles pour que ses pieds fussent mis au bout de ses cuisses, au-lieu de les mettre au bout de ses jambes, ce qui fut cause qu'on donna aux uns la place des autres.

Je demandai à M. Galichet pourquoi il avoit fait cet arrangement: il me répondit que c'étoit pour la rendre modeste. Malgré tous ces inconvéniens, je m'avisai d'en être jaloux, & un Marguillier s'avisa d'en être amoureux : il est vrai qu'il étoit plus excusable, parce qu'il ne l'avoit jamais vûë, & que je la voyois tous les jours. C'étoit sur sa réputation de science qu'il avoit pris feu si vîte ; elle savoit par cœur le petit & le grand Albert. Il me prioit tous les jours de le présenter; j'éludois adroitement, parce qu'il étoit dans l'habitude, comme tout le monde, de demander, *Comment vous portez-vous?* & ma femme avoit coutume de répondre, comme bien d'autres, *fort à votre service.* J'avois peur que le Marguillier ne la prît au mot. C'étoit trop aimer la justesse du dialogue, cela me déplaisoit : il falloit cependant qu'elle eût entendu parler de lui, car elle me dit un jour qu'elle vouloit apprendre à danser. J'en fus étonné, je lui demandai quel Maître elle vouloit prendre : elle me répondit qu'elle vouloit prendre le Marguillier. J'en fus confondu, je n'avois jamais ouï dire que les Marguilliers fussent Maîtres à danser : j'en portai mes plaintes à M. Galichet un jour que nous déjeûnions ensemble à Gonesse chez Madame Dubié avec un cochon de lait & un pain de quatre livres : il me dit que sa fille étoit naturellement sauteuse, & qu'il falloit que je me portasse à ses goûts. Je me mis en colére, il ne s'en émut pas davantage, & croqua de sang froid toute la peau du cochon, & ne me laissa que la viande. J'étois si piqué que je n'en laissai point; cela me donna une si grande liberté de ventre, que je me relevai pendant quinze nuits tous les quarts-d'heure. Je défendis à ma femme d'en rien dire à son pere, je ne me souciois pas que l'on sçût toute la dépense que je faisois de ce côté-là.

Le beau-pere me railla sur la pâleur de mon visage, & me fit entendre qu'apparemment j'aimois trop fort Claudine Galichet : il me poussa si loin que je lui avouai ma maladie : il me repliqua qu'il falloit la faire cesser en y mettant un nœud. Je ne m'attendois pas que le maudit Sorcier voulût me jetter le sort qu'on jette quelque fois à un nouveau marié pour l'empêcher de se vanter. Je m'apperçus bien-tôt de l'avanture, je ne dis pas d'abord à Madame ce dont il étoit question, mais elle s'en douta, elle me fit des plaisanteries. Comme elle avoit l'ironie aigre, & moi l'esprit âcre, je me fâchai & je m'en plaignis encore à Galichet : De quoi l'accusez-vous, me demanda-t'il, est-ce de n'être pas assez complaisante ? Peut-être l'importunez-vous trop ? Il soûrit à ces mots, & moi je fus tenté de lui donner un coup de poing. Mon cher Ami, continua-t'il, je connois votre mal, vous ne pourrez en être délivré, à moins que le Marguillier ne vous fasse ce que vous ne pourriez lui faire s'il étoit marié.

Je n'y voulus jamais consentir. A quoi voulez-vous donc que je m'occupe, me repartit Claudine ? A lire, Claudine, à lire, repliquai-je en colére ; je vous achéterai un Almanach Royal, vous n'avez qu'à vous inſtruire. Eh bien, repartit mon beau-pere, elle lira, puiſque vous le voulez, mais je vous déclare que ce ſera un pupitre qui vous jouera le tour. Vous le prenez donc par-là, répondis-je, je l'attraperai bien, elle ne lira que des Brochures, & il n'y aura pas plus de pupitre dans la maiſon que chez Bonne-foi le Procureur. Galichet me rit au nez, je ne ſçus pas pourquoi ; je l'ai appris depuis, & je vais vous en inſtruire.

Un ſoir j'étois rentré chez moi fort fatigué ; j'avois mis mon bonnet de nuit pour paroître plus guai, & mes pantoufles, afin de mieux raiſonner ; ma femme étoit à l'autre bout de la chambre, je ne la regardois pas, de peur de la voir, elle ne me parloit pas, de peur de s'ennuyer. C'eſt ainſi que depuis mon petit accident nous vivions en bonne intelligence : je lui ordonnai, en lui tournant le dos, de me lire quelques sottises nouvelles. Elle me répondit qu'elle tenoit une historiette nouvelle d'un Amant qui s'étoit introduit chez sa Maîtresse en se changeant en Livre. Cela doit être bien foû, lui dis-je, aussi-tôt, & quel Titre cela a-t'il ? *Façon de grandir vîte.* Assurément, poursuivis-je, je ne sçais pas de quoi on ne s'avise point ; allons, lisez-m'en quelque chose, tandis que je vais m'endormir en me chauffant les pieds. Elle commença en ces termes : *Oüi je vous aime, c'est par un pouvoir supérieur que je me suis introduit sous cette forme, c'est celle qui me convient. Tant qu'un Amant soupire sans être sûr de plaire, ce n'est qu'une Brochure.*

Oh parbleu, dis-je alors, il faut convenir que cette idée-là est bien folle ; voilà comme sont tous les

Ouvrages d'aujourd'hui, il n'y a pas le sens commun. Ma femme retourna le feuillet & continua ainsi : *Puisque vous poursuivez votre lecture, il faut apparemment que vous n'ayez pas pour moi une haine bien marquée, songez que je ne dois tenir mon relief que de vos sentimens. Quelle volupté de devoir son être à sa Maîtresse ! Si vous acceptiez mes vœux, si vous y répondiez, j'irois toujours en augmentant. Ah quel bonheur pour moi, si je devenois dans vos mains un Livre de Bibliothéque !* En vérité, m'écriai-je, cela est aussi trop extravagant ; j'aime qu'on garde la vrai-semblance. Ma femme ne lut ensuite qu'avec une voix tremblante ; je crus que c'étoit par crainte, je me trompois, c'étoit parce qu'elle rendoit le Livre *In-octavo*. Eh continuez, Madame, lui dis-je, pourquoi trembler ? Soyez sûre que ces miséres-là ne me font nulle impression. Elle voulut poursuivre, j'entendis des paroles coupées par des soupirs, *Ah, Seigneur ; disoit-elle... vous êtes dans mes bras.... mais que deviens-je moi-même.... helas.... ah Ciel vous êtes déja in-quarto !* C'est sans doute la Princesse qui parle ainsi, dis-je à ma femme ; eh bien elle a de la passion & vous lisez fort bien. Je n'entendis plus que ce mot : *Ah Dieu, est-il possible !* je retournai la tête, & je fus confondu de voir que la Brochure étoit devenuë un gros in-folio du Dictionnaire de Chomel, placé sur Claudine Galichet, qui étoit changée en pupitre. Je jettai les hauts cris ; je voulus la saisir, mais le maudit pupitre couroit à toutes jambes tout autour de la chambre, & le Docteur Chomel tenoit bon. Mon beau-pere parut en ce moment, & me dit d'un ton d'amitié : Mon Gendre, calmez-vous, ce n'est pas M. Chomel, c'est notre ami le Marguillier. Je redoublai ma poursuite en criant: Eh! finissez-donc, Monsieur le Marguillier, vous prenez ma femme pour l'Œuvre de la Paroisse. Je l'avois déja fait tomber du pupitre, lorsque Galichet me pinça l'oreille, & me transforma en une seringue ambulante. L'in-folio reprit alors la figure de Marguillier, & le pupitre redevint ma femme; je ne pus pas me contenir, & je lâchai à la face du Marguillier une chopine d'eau de casse que ma colére avoit rendu brûlante. Ah! il est trop chaud s'écria-t'il, en se débarbouillant, mais je m'en vangerai: aussi-tôt il me prit & me porta chez son Apoticaire; tenez, lui dit-il, voila un présent que je vous fais pour vos étrennes, c'est une seringue qui marche toute seule, elle vous tiendra lieu de deux garçons. En effet on ne parla que de moi dans tout Paris, il n'y eut point de Dame qui ne voulût prendre un remede de ma façon. A la fin M. Galichet me défensorcela ; je redevins homme, sans que ma femme ait jamais été dans le secret. Je choisis le métier de Colporteur, je fis imprimer mon avanture; je la vends tous les jours dans les maisons, & j'y vois souvent des femmes fort laides, que j'avois jugées fort jolies, lorsque j'y avois été en qualité de seringue.

Hors-de-propos servant de Préface au Conte suivant.

QUOIQUE dans ce Conte, mon cher Lecteur, on parle de Souveraine & de Discrette, comme de deux Fées, je n'oserois vous assurer qu'elles fussent bien véritablement Fées, car pour moi j'ai bien de la peine à croire qu'il y en ait jamais eu ; mais ce que je puis vous en dire, c'est que des Fées de la meilleure Féerie auroient été bienheureuses de leur ressembler, & si vous les rencontrez jamais, vous en conviendrez ; peut-être êtes-vous actuellement devant elles, car on les rencontre tous les jours à Paris sous le nom de deux femmes qui, à dire vrai, n'ont pas trop mal réussi. Quant à l'Enchanteur, vous le connoissez sûrement, & il vous a enchanté plus d'une fois.

LA TOILETTE,
OU
LES ARRESTS DU DESTIN.

L'ON a toujours dit que les Arrêts du Destin sont irrévocables; le Vulgaire le croit par préjugé, quelques-uns en doutent par raisonnement : le Sage se décide par les faits ; en voici un capable de confondre toute incrédulité.

Dans le tems des Fées, & ce tems est moins reculé qu'on ne croit, il y en avoit deux extrêmement singuliéres; leur pouvoir ne s'étoit jamais manifesté par ces effets surprenans, enfans du déréglement d'une imagination bizarre, & souvent cause ridicule du renversement de la Nature. Leur

Féerie étoit la plus douce Féerie que l'on eût jamais vûë, & quoiqu'elles fiffent perpétuellement les chofes du monde les plus incroyables, leur art copioit fi exactement la nature, qu'il n'y avoit perfonne qui ne s'y méprît. S'il leur échapoit de ces traits lumineux qui caractérifent les intelligences du premier ordre, c'étoit fous un voile fi fimple que chacun s'applaudiffoit de découvrir tant de fineffe dans une pure naïveté. Séduifantes fans devenir impérieufes, elles euffent gouverné l'Univers, fans qu'on fe fût apperçu de la force de leurs enchantemens. A la vérité elles éteignoient toutes les autres Fées, ce qui pouvoit leur faire des ennemies, mais elles paroiffoient fi peu y prétendre, que pas une ne leur en favoit mauvais gré. Toutes deux étant doüées du goût le plus jufte & du difcernement le plus fin, elles ne pouvoient manquer

DES COLPORTEURS. 49

quer de se trouver mutuellement charmantes ; aussi vivoient-elles dans une union parfaite, tout le monde approuvoit leur choix, tout envioit leur bonheur ; qui ne l'eût crû à l'abri de tous les événemens ! Mais les Dieux seuls peuvent joüir d'une félicité inaltérable.

Souveraine étoit Fée, &, comme Intelligence femelle, ne pouvoit être exempt d'un peu de jalousie ; elle en conçut des agrémens de Discrette, mais comme elle étoit bonne, sa jalousie ne la porta point aux basses noirceurs dont les mortelles sont capables. Elle crut qu'il suffiroit à sa gloire d'ajouter à Discrette quelque nouvel agrément qui la fît paroître plus jolie, & de se la rendre par-là redevable d'une partie de ses charmes : le trait étoit hardi. Discrette faite pour plaire par elle-même, auroit-elle trouvé bon d'en avoir obligation à son Amie ? Il n'en falloit pas davantage

D

pour altérer la bonne intelligence dans laquelle ils avoient vécu jusqu'alors ; aussi tous les génies de leur Cour étoient-ils attentifs à la fin d'un si grand événement.

On savoit qu'il étoit écrit dans le grand Livre, que Souveraine réüssiroit dans toutes ses entreprises ; mais on savoit aussi, qu'il étoit marqué au même Livre, que Discrette seroit toujours charmante, indépendamment de tout agrément extérieur, & que rien ne diminueroit jamais l'amitié des deux Fées. Comment des choses si opposées pouvoient-elles s'accorder ? Les incrédules commençoient déja à dire qu'il étoit un peu imprudent au Livre d'être si clair, & qu'on alloit enfin avoir une preuve bien sûre de l'incertitude de ses oracles.

On avoit vû jusques-là réüssir Souveraine en tout ce qu'elle avoit désiré ; à la vérité, elle n'avoit encore travaillé qu'à se faire des amis

DES COLPORTEURS.

& des querelles, & elle étoit parvenuë à se faire adorer de tous ceux qu'elle en avoit crû dignes, & à être en querelle réglée avec tous les autres : de si beaux commencemens sembloient assurer que ce seroit sur le sort de Discrette que le Livre se seroit trompé.

Souveraine avoit choisi pour son triomphe le jour qu'un fameux Enchanteur devoit rassembler chez lui toutes les Fées de la contrée; elle se chargea de la coëffure de Discrette, qui convaincuë par expérience de l'inutilité de la parure, en abandonna volontiers le soin à son Amie.

Les diamans furent d'abord exclus de l'ajustement; leur éclat éblouïssant ne sert qu'à ternir la phisionomie la plus brillante, & leur quantité à annoncer plus d'opulence que de goût; les cheveux de Discrette, & le plus simple de tous les rubans firent toute sa parure.

Pour les cheveux, on pouvoit ne s'en pas embarrasser, c'étoit bien les cheveux du monde les plus adroits à se distribuer avantageusement ; on n'a jamais sçû précisément si les graces les arrangeoient, ou s'ils faisoient naître les graces ; mais on est toujours convenu qu'ils en étoient inséparables. Le ruban n'étoit pas de même, il arriva sur la tête de Discrette de l'air du monde le plus maussade : Souveraine approche, le ruban semble s'agiter ; trois fois elle le touche du bout du doigt, & trois fois le ruban prend les formes les plus agréables : tantôt il forme un papillon, tantôt une rose ; sa couleur devient plus vive & plus brillante, il se place de lui-même dans tous les endroits qui lui sont favorables.

Souveraine s'arrête quand elle le voit au point de perfection. Presque sûre de son triomphe, déja la joie brilloit dans ses yeux ; un regard qu'elle laisse tomber sur son Amie renouvelle son inquiétude. Discrette part, son Char traîné par six papillons * fend l'air avec la plus grande rapidité : elle arrive chez l'Enchanteur au moment que la foule y mettoit le plus de confusion. On n'apperçoit d'abord que sa coëffure, & il se fait un silence, les Génies admirent, les Fées pâlissent de jalousie. Quelle joie pour Souveraine qui l'avoit suivie sans se laisser voir, mais que cette joie fut courte !

La foule s'ouvre, on voit Discrette, & on ne voit plus qu'elle; les Génies la trouvent charmante, sans s'appercevoir comme elle est coëffée; les Fées envient sa phisionomie, & oublient d'envier sa coëffure : Souveraine elle-même est enchantée des graces de son Amie. On examine aussi-tôt la vérité du

* Leurs aîles sont encore conservées avec grand soin dans le fameux Cabinet de B * *

Livre, & tout le monde convient que l'effet qu'a produit la coëffure à son arrivée, est la réüssite la plus complette que pût désirer Souveraine, & que l'impression qu'a fait dans l'assemblée la vûë de Discrette, si-tôt qu'elle a paru, prouve bien qu'elle plaît indépendamment de tout ornement extérieur. Leur amitié mieux cimentée par cette petite épreuve, dura autant de siécles que leur regne, & depuis ce tems-là les Arrêts du Destin ne parurent douteux qu'à ces génies médiocres, qui ne connoissent d'esprit, qu'à se roidir contre la vérité qu'ils ignorent.

PODAMIR ET CHRISTINE;

Nouvelle Russienne.

ON est persuadé dans les païs policés que l'amour est ignoré par les Peuples à qui notre amour propre donne le nom de Barbares; leur simplicité nous paroît opposée à la délicatesse nécessaire pour bien sentir tous les mouvemens d'une véritable tendresse. Ce n'est pas la moindre de nos erreurs, éblouis par le faux brillant de cette galanterie superficielle qui fait toute notre occupation, nous croyons sentir quand nous ne faisons qu'imaginer, & nous refusons aux autres le bonheur d'éprouver un amour que nous ne connoissons pas.

La Russie parvenuë depuis un siécle à un point de politesse & d'agrément qui fait l'admiration de toute l'Europe, ne voit plus d'exemples pareils à ceux que nous fourniffent Podamir & Chriftine, dans des tems fi reculés, qu'à peine ce vafte Empire avoit-il encore commencé à jetter les premiers fondemens du Gouvernement informe qui, pendant la longue fuite des fiécles qui ont précédé Pierre Alexiowits, n'avoit paru mériter aucune attention de fes plus proches voifins.

Nés dans ces Vallons fertiles qui bordent les affreufes montagnes de Sibérie, habitées encore alors par les Peuples qui occupent actuellement la Tartarie, Podamir & Chriftine ignoroient les plaifirs & les peines que le Luxe a répandu depuis dans toutes les parties du monde. La fimple Nature étoit prefque la feule Loi de leur païs; ils aimoient leurs parens, craignoient les Dieux, & les Tartares s'occupoient des amufemens champêtres que la situation du païs leur procuroit.

L'amour chez ces Peuples heureux n'étoit point une affaire de convenance, une occupation nécessaire pour être du bon ton; on ne formoit point le projet de chercher une intrigue pour ne pas être desœuvré.

Mais quand on trouvoit un objet aimable, on l'aimoit sans s'en douter; le sentiment seul guidoit les Amans; aussi leur amour étoit-il ordinairement durable.

Podamir étoit un des habitans de ce païs-là qui se croyoit le plus incapable d'aimer; convaincu par la connoissance de lui-même qu'il devoit avoir peu d'espérance de réüssir, peu susceptible d'ailleurs d'être touché des seuls agrémens extérieurs, il ne se sentoit disposé à aimer que ce qu'il trouveroit estimable, & personne n'accordoit moins facilement son estime. Simple d'ailleurs & sans prétention il joignoit à la moins agréable de toutes les figures le génie le moins brillant : une humeur assez égale, & quelque valeur que la derniére invasion des Tartares lui avoit donné occasion de montrer, étoit son seul mérite. On le considéroit peu, mais comme on ne le craignoit pas, on l'aimoit assez. Ennemi du trouble, il cherchoit souvent la solitude dans des lieux charmans & retirés qui forment une partie des Jardins de l'Empereur. Il ne voyoit presque jamais cette Beauté que dans les Jardins solitaires, où elle se retiroit quelques fois pour se délasser des fatigues du Gouvernement.

Ce fut là que Podamir se trouva enfin le plus amoureux des hommes, au moment qu'il s'y attendoit le moins. Christine, guidée par une indifférence naturelle, qui rend ennuyeuse la Cour la plus brillante, venoit quelques fois se promener dans ces mêmes lieux : il avoit vû cent fois Christine, il l'avoit trouvée charmante, mais n'ayant pas eu occasion de connoître son caractére, il avoit attribué l'intérêt qu'il avoit toujours pris en elle, au seul effet que produisoient sur tous les honnêtes gens sa jeunesse & ses malheurs.

On ne détaillera point ici les charmes de Christine, le Traducteur a senti que Podamir seroit suspect dans le portrait qu'il fait de sa Maîtresse, (car le Manuscrit original est de lui;) on se contentera de dire qu'elle joignoit à la taille la plus noble la phisionomie la plus intéressante; elle annonçoit de l'esprit, de la finesse, de la vivacité, de la douceur, & jamais on n'a annoncé si juste. Elle ne connoissoit pas l'amour, mais elle le craignoit. Le Palatin Oursousky avec qui elle avoit été élevée, lui avoit paru d'abord assez aimable : elle en avoit reçu quelques soins, mais l'importunité & la pétulance d'Oursousky lui avoient paru insupportables & l'avoient déterminée à renoncer pour jamais à une passion dont il ne lui avoit fait connoître que les dangers. La promenade, la pêche & la chasse étoient devenuës ses seuls amusemens, ils avoient pensé lui coûter cher. Un orage affreux l'avoit enlevée des bords du Volga, où elle se livroit à la pêche avec trop peu de précaution ; emportée par la rapidité du fleuve, on l'avoit vûë entre la vie & la mort pendant très-long-tems, & l'inquiétude des Spectateurs étoit pour elle un gage peu équivoque des sentimens qu'elle avoit inspirés à tous ceux qui la connoissoient.

Le hazard, ou plutôt l'amour, conduisit un jour seuls Podamir & Christine dans la même allée de ces Jardins ; Podamir se trouva tout-à-coup si près d'elle, qu'il ne pouvoit se dispenser de l'aborder. Jamais il ne s'étoit trouvé si peu en état de parler, il se sentoit émû sans en deviner la cause : il avoit pour la premiére fois de sa vie un desir excessif de plaire; il vouloit avoir de l'esprit, c'est assez pour en manquer. Sa conversation n'avoit aucune suite, il ne savoit parler que sentiment ; tout l'y ramenoit, un gazon, un arbre, une fleur, une étoile, étoient pour lui un sujet d'amour.

Christine, qui l'avoit toujours traité avec assez de bonté, ne parut point s'appercevoir de sa stupidité, elle répondoit à tout ce qu'il disoit : il la connut mieux en l'écoutant, &, par une conséquence necessaire, il la trouva plus aimable. Enfin sans s'en douter, il lui dit qu'il l'aimoit : il sentit aussi-tôt le ridicule de le dire à quelqu'un à qui il ne devoit pas espérer de plaire, mais hélas ! que peut l'esprit, quand le cœur est vivement affecté ? Chaque mot de Podamir devenoit plus clair à mesure qu'il vouloit réparer sa faute. Christine trop sûre d'elle-même pour craindre un engagement, paroissoit l'écouter sans répugnance ; mais cette tranquillité n'étoit-elle pas une preuve de son indifférence ?

La retraite de la Fée obligea Podamir de se séparer de Christine. Quelle foule d'idées desespérantes pour lui ! Il ne pouvoit douter de son amour ; l'agitation de son cœur, le désordre de sa conversation, l'aveu indiscret qui lui étoit échapé, tout lui prouvoit qu'il étoit le plus amoureux des hommes ; plus il connoissoit sa Maîtresse, plus il aimoit, & moins il avoit d'espérance.

Les premiers jours qui suivirent cette entrevûë ne furent employés par Podamir qu'à chercher, à quelque prix que ce fût, les occasions de revoir la charmante Christine ;

DES COLPORTEURS. 63

il en connoissoit tous les dangers, mais il n'avoit plus rien à ménager pour la tranquillité de son cœur, & le ridicule qu'elle eût pû jetter sur lui en laissant appercevoir au Public l'extravagance de la passion à laquellle il se livroit, étoit la moindre de ses craintes. On estime ce que l'on aime, & quand elle eût été capable de le rendre l'objet de la raillerie publique, il n'en eût pas été affecté, le malheur de ne pas plaire à la seule femme du monde qu'il pouvoit aimer véritablement, n'eût laissé dans son cœur aucune sensibilité pour tout autre événement.

Christine de son côté . . . . . .
. . . .

Le Traducteur n'a pû aller plus loin, & en est sûrement plus fâché que personne; mais le Manuscrit ayant été apporté dans le Nord d'Ecosse par des Réfugiés Russiens, un Perroquet que la Reine Elizabeth y avoit envoyé pour apprendre la Langue des Montagnards, (car les Princesses avoient dès-lors beaucoup de fantaisies,) égratigna beaucoup d'endroits du Livre, qui se trouva pendu auprès de sa cage. Ce Livre, qui ne nous est revenu que depuis la derniére Expédition, n'a pû encore être bien déchiffré ; tout ce que l'on a pû y trouver de certain, c'est que Podamir fut jusqu'au dernier soupir le plus tendre, le plus fidéle & le plus empressé des Amans, sans faire de ces sermens indiscrets que le desir de séduire fait si légérement prodiguer aux Amans vulgaires. Sa constance fut d'autant plus sûre, qu'elle étoit moins fondée sur aucun projet, que sur les nouveaux charmes qu'il trouvoit tous les jours dans l'esprit & dans le cœur de sa Maîtresse. Son empressement fut toujours contenu par la crainte de laisser découvrir ses défauts en se livrant à l'importunité : si sa délicatesse, la certitude que Christine devoit plaire à

tout

tout ce qui la voyoit, & les assiduités même de quelques Russiens assez heureux pour l'amuser, lui firent quelquefois sentir les atteintes de la jalousie. Christine ne s'en apperçut qu'à la mélancolie tendre dont il parut accablé, & jamais il ne chercha à éclairer ses doutes par aucune de ces voies indignes si opposées à la confiance que l'on doit à une femme que l'on a trouvé assez estimable pour l'aimer comme aima toujours Podamir.

Le Traducteur attendra, pour suivre cet Ouvrage, que l'on aye pû en déchiffrer assez toutes les Parties, pour en faire un Corps d'Histoire un peu complet & suivi, d'autant qu'il s'est apperçu que ce qu'il en a traduit jusqu'à présent, est passablement décousu, cruellement embrouillé, & ridiculement plat.

SUITE DE L'HISTOIRE

DE PODAMIR.

Les heureuses découvertes d'un Sçavant de nos jours ayant donné de grandes facilités à déchiffrer les abbréviations des Anciens, un Curieux a essayé d'en profiter pour déchiffrer la suite du Manuscrit de Podamir. Cette Science n'est pas encore parvenuë au point de certitude nécessaire pour assurer affirmativement la fidélité de la traduction. Voici les conjectures du Traducteur; le Lecteur est prié de ne les prendre que pour ce qu'elles valent.

La passion de Podamir ne fut pas aussi heureuse que la délicatesse de ses sentimens le méritoit. Christine insensible se contenta de lui imposer silence, sans craindre de continuer de le voir.

Le malheureux Podamir sentit vivement son infortune sans en accuser sa Maîtresse, il se rendoit justice. Christine estimoit la Vertu, mais il falloit que les agrémens y fussent joints pour séduire son cœur; & en vérité il le falloit pour mériter la plus charmante de toutes les femmes.

Elle sçut gré à son Amant du respect qu'il lui marquoit, mais elle n'alla pas plus loin, & Podamir reconnut enfin que ce n'étoit pas assez pour réüssir en amour. La fatuité, quoique grossière, de quelques Tartares des contrées voisines avoit réüssi déja auprès de plus d'une Russienne; il s'imagina que si elle étoit conduite avec plus de politesse, le succès en seroit encore plus brillant & plus sûr.

Voilà Podamir déterminé à être aussi fat qu'il lui sera possible; il décide, il contrarie, il méprife, rien ne paroît digne de son attention; il ne voit pas une femme sans la soupçonner du goût le plus vif pour lui; une politesse lui paroît une déclaration; l'impatience que cause sa sottise à quelques-unes d'entre elles, lui semble une suite du dépit qu'elle a de n'être pas aussi bien traitée : mais au fonds, il ne peut pas avoir de bonté pour toutes, tant pis pour les malheureuses, leur importunité l'excéde trop, pour qu'il ne s'en plaigne pas à ses amis.

Le nombre des Sottes étoit beaucoup plus grand en Russie, telle est la différence de ce Païs au nôtre : aussi Podamir fut-il bien-tôt à la mode; fat en huit jours comme s'il l'eût été toute sa vie, il est surpris de la rapidité de ses conquêtes, vraies, ou du moins apparentes : mais hélas ! cette ressource étoit inutile avec Christine ; pouvoit-il devenir moins respectueux avec elle ? Mieux il la connoissoit, plus il continuoit à la voir. Envain il cherche à l'oublier, l'idée de Christine lui revenoit à chaque instant. Quelle comparaison ! Ses nouvelles Maîtresses ne la soutenoient pas un moment dans son cœur, aucune ne lui paroissoit digne de son attachement. Comblé de leurs faveurs, il se trouvoit le moins heureux des hommes ; son amour propre en étoit aussi peu satisfait que son cœur. Christine seule pouvoit le rendre heureux, & Christine ne lui laissoit aucune espérance. Il imagine qu'il vaut mieux s'éloigner d'elle, il se flatte que l'absence diminuera sa peine, (c'est en quoi il se trompa, & la tête lui tournoit encore de Christine, en écrivant son Histoire plus de . . . . après,) & que les femmes des païs plus policés seront plus capables de le consoler. Le hazard lui fournit l'occasion d'en faire l'épreuve. On venoit de fondre alors la fameuse Cloche qui rend Archangel célébre dans tout le Nord ; deux Vaisseaux étoient destinés à reporter en France les habiles Ouvriers que cet Ouvrage doit immortaliser. Podamir projette de s'y embarquer. Bien des savans Critiques ont douté que l'importunité des bonnes fortunes de Podamir fût la cause de son départ. On trouve dans des Mémoires du fameux Roublousky, troisiéme Evêque d'Archangel, un motif tout différent de son voyage & qui paroît plus vrai-semblable. Nos femmes (dit ce bon Prélat) ont toujours plus cherché le solide que le brillant ; elles ne furent pas longtems les dupes des faux airs de Podamir ; sa galanterie affectée ne leur parut qu'un moyen de faire passer son inconstance, & ses airs impérieux plutôt un sentiment de vanité, que ce desir tendre & si naturel de se soumettre entiérement le cœur de l'Objet aimé.

Aussi Podamir se trouva-t'il dans l'abandon le plus cruel, & les femmes Russes sont restées depuis ce tems dans le principe de ne se livrer qu'à ceux de l'attachement & de la franchise de qui elles sont assez sûres pour croire qu'un Amant leur donnera plutôt cent coups de bâton que de leur déguiser un moment l'humeur dont son cœur peut être agité. C'est en effet la plus grande preuve de confiance qu'un Amant puisse donner à sa Maîtresse, que de ne lui pas cacher un défaut tel qu'une pareille vivacité. Les femmes Russes se sont bien trouvées jusqu'à présent de cette conduite. Elles n'ont qu'un Amant, mais elles en reçoivent plus de marques d'estime que les Françoises les plus occupées n'en reçoivent de la foule empressée de leur faire la cour.

On laisse au Lecteur à décider

entre ces deux opinions. Quoi qu'il en soit, Podamir rassemble ses amis pour leur dire adieu : Je vous quitte à regret, leur dit-il, je ne puis plus tenir aux femmes de ce païs-ci ; en vérité il n'est pas possible à un homme d'une certaine espéce de s'en accommoder: Quoi, on ne trouve que des Sottes ou des Bégueules ; les unes trouvent qu'on leur conviendroit, ont envie même de vous attirer, mais elles ne savent pas se déterminer, & elles s'imaginent qu'on fera des semaines entiéres à les décider. Ma foi, les attende qui voudra, ce ne sera pas moi ; je sçais que cela m'en a fait manquer plusieurs, mais que puis-je faire, elles y ont autant perdu que moi : les autres s'imaginent quand elles ont pris quelqu'un, qu'il doit leur rester comme une maison à vie ; & j'ai été brouillé avec cinq ou six, pour les avoir enfin quittées après y avoir tenu plus d'un grand mois. C'est

DES COLPORTEURS. 73

être, à dire vrai, un peu difficile à vivre ; auſſi vai-je chercher fortune dans un Païs où j'eſpére trouver un meilleur ton : d'ailleurs j'ai toujours les François, ce me ſera un grand plaiſir de troubler leurs arrangemens par mon arrivée *.

Tel fut le diſcours de Podamir. Une vingtaine de Ruſſes, déja gâtés par ſon exemple & ſa réüſſite, s'empreſſent de le ſuivre ; on met à la voile, quelques-uns plus mélancoliques, ſans être moins fats, s'ennuyent bien-tôt de la pétulante vivacité de leurs compagnons ; on

* On trouve dans un Manuſcrit de la Bibliothéque des Coptes de Petersbourg, que le départ de Podamir eut tout un autre motif que celui qu'on lui attribue ici. Suivant ce Manuſcrit, les femmes cruelles ſentirent bien-tôt tout le faux de la fatuité de Podamir, elles comprirent qu'un fat ne pouvoit être ſuſceptible d'un véritable amour. Elle . . . . plus compatible avec la plus groſſiére ſimplicité ordinaire à leur Nation, & c'eſt depuis ce tems-là qu'elles ſont convenuës de regarder les coups de bâton comme la pierre de touche d'un véritable attachement.

se sépare. Les premiers se retirent sur le Bâtiment qui suivoit presque vuide, & la navigation se continuë le plus heureusement du monde jusqu'à l'entrée de la Manche ; là nos Voyageurs sont accueillis d'une de ces tempêtes que la proximité des terres n'y rend que trop communes, sur-tout dans les Equinoxes. Les mélancoliques toujours disposés à prévoir les malheurs, regardent leur perte comme assurée, & l'évitent en se faisant échoüer sur les côtes d'Angleterre, où ils resterent, & où l'on voit encore leur nombreuse postérité.

Podamir & le reste de ses compagnons, persuadés que les Elémens les respecteront, se livrent au gré des vents, &, par le plus heureux de tous les hazards *, entrent

* Christine, à qui le sentiment de Podamir n'avoit point fait impression, & qui n'avoit pas reconnu sa fatuité, ne s'apperçut point de son absence, tant il est vrai qu'il faut être aimable ou ridicule pour intéresser.

à pleines voiles dans le premier Port de France, où la fatuité débarqua pour lors avec eux, au même tems qu'un Vaisseau Napolitain y apporta par Marseille un autre tique qui n'a pas moins multiplié, & c'est de-là que l'un & l'autre à présent font presque tout le fonds de la Société.

L'Editeur se croit obligé d'avertir le Public que ceci pourroit bien ne pas être une traduction ; le prétendu Traducteur a tout l'air d'avoir dans la premiére Partie raconté quelque avanture qui lui est arrivée, & qui n'aura pas réüssi comme il s'en flattoit. On voit que la seconde Partie n'est faite que pour se tirer d'affaire *, & qu'il sera fort heureux, si sa fatuité n'a pas plus de réalité que les bonnes fortunes qu'il s'y donne.

* Depuis ce tems bien des gens dans ce Païsci ne se tirent d'affaire que par des sottises, & c'est effectivement ce qui réüssit le mieux.

HISTOIRE
DU SIEUR BONIFACE.

LA Vieillesse crie, la Jeunesse s'égare, le bon sens ressemble à la Vieillesse; la Jeunesse est l'image de l'esprit, la Morale est de mode, la Vertu ne l'est plus, on décourage les talens, on force les vocations; voilà pourquoi j'ai changé de métier, & que je suis forcé d'être en prison. Je suis né de famille à faire fortune; ma mere a de l'esprit, mon pere n'en a gueres; je dis cela plus pour lui faire ma cour que pour lui manquer de respect; il aime sa sottise, & je le flatte quand j'en parle.

Il prétend être Gentilhomme; je suis obligé de l'en croire sur sa parole plus que sur ses titres. Il avoit voulu, comme toute la Noblesse, entrer dans le Service & lever une Compagnie de Cavalerie ; mais, admirez l'Etoile, il trouva plusieurs beaux chevaux qu'il acheta, il ne rencontra que de vilains hommes qu'il refusa ; il eut de la Cavalerie & manqua de Cavaliers, ce qui le força à se faire Marchand de chevaux.

Ma mere en fut fort affligée, elle sentoit ce qu'elle étoit, son pere étoit Libraire d'Anvers ; & il est bien triste pour quelqu'un qui a l'ame haute, de déroger dans le négoce ; elle marqua sa peine à son mari qui ne la partagea point, & qui lui soutint qu'il n'étoit pas plus noble de tromper le Public en vendant de l'esprit qu'en vendant des chevaux.

La conversation s'anima, les altercations vinrent ; ma mere qui savoit mieux écrire que mon pere, lui dit tant de sottises qu'il fut obligé de se taire ; il ne voulut point souper. Quelques heures après, il voulut se raccommoder; ma mere qui avoit le cœur bien placé, lui reprocha sa mauvaise humeur pendant le repas : mon pere qui de tems en tems avoit l'esprit juste, lui répondit : Cela doit vous prouver, Madame, que je puis bouder contre mon ventre sans que celui des autres s'en ressente. Madame soûrit, la paix se fit, mon pere s'afficha maquignon, ma mere demeura bel esprit, & moi l'on m'apprit à monter à poil tous les chevaux de l'écurie, ce qui dans la suite m'a été d'une grande ressource dans la Société. Je me lassai d'un métier si monotone, si tant est qu'il y ait de la monotonie à monter des chevaux dont l'un va le trot, l'autre le galop, celui-ci le pas, celui-là l'amble; mais c'est toujours monter à cheval, & c'est ce qui rend l'occupation monotonne.

La nouvelle profession de mon

pere ne dérangea point celle de ma mere, ils n'avoient ni les mêmes goûts, ni les mêmes connoissances; ils logeoient ensemble par décence, se haïssoient par sentiment, se méprisoient par justice & se trahissoient par jalousie, & ne s'accordoient que par intérêt. Madame ne quittoit pas son appartement; Monsieur étoit souvent à l'écurie, & dès qu'il en sortoit, Madame qui savoit placer son monde, l'y renvoyoit bien vîte. Elle cultivoit Messieurs les beaux esprits, entre autres le Turc qui faisoit de si beaux équilibres à la Foire derniére; & comme ma mere étoit fort brune, fort maigre & fort menuë, j'ai souvent entendu dire à ses amis, par maniére de plaisanterie, qu'elle jouoit le rôle de la corde lâche. De pareilles badineries ne laissoient pas que de me faire plaisir & de me former l'esprit, en me faisant comprendre le ton de la bonne compagnie ; celle que mon pere voyoit ne me fit pas tant de profit.

Comme il avoit toute sa vie aimé les bêtes à poil, il étoit en grande liaison avec les Capucins. Un jour il m'ordonna de prêter deux de ses meilleurs chevaux au Révérend Pere Alleluïa de Quebec & au Révérend Pere Auguste-Chrisostôme-Seraphique d'Hesdin. J'étois chargé de les accompagner jusqu'à la dînée, mais j'eus une distraction qui causa bien des malheurs. Je donnai au Pere Alleluïa un fort beau cheval entier, & au Pere Seraphique une fort jolie jument en chaleur. Les deux Révérences ne furent pas plutôt en marche, que le cheval d'Alleluïa partit par un hennissement & trois ruades. Je m'apperçus de ma faute & je criai aussi-tôt, *Piquez des deux, Pere Seraphique, Tirez la bride, Alleluïa.* Alleluïa tira la bride, le cheval rua plus que jamais, le Cavalier

lier fut enlevé de la selle & retomba à cheval à plomb, mais sa Robe se retroussa sur le capuchon, ce qui ne laisse pas que d'être un accident pour un cavalier qui n'a point de culote ; aussi lui dis-je, Prenez donc garde de vous enrhumer, mon Révérend Pere. Ah, Bienheureux Saint François, s'écrioit-il en galopant, on voit votre derriére. Dans cet instant le cheval joignit la jument, il se cabra & mit brusquement ses deux jambes de devant sur l'estomach du Révérend Pere Auguste-Chrisostôme-Seraphique d'Hesdin ; j'avois beau lui crier, tenez-vous ferme, joignez la barbe aux crins, il fut renversé sur le dos, & auroit pû considérer les étoiles, si le ventre du cheval n'avoit pas été collé sur son nez.

Alleluïa croyant bien faire, piquoit son cheval tant qu'il pouvoit ; moi qui depuis un quart-d'heure ne voyois de toute sa personne que son derriére, j'appliquois dessus des coups de foüets de toute ma force ; il me crioit, finissez donc : Eh mon Révérend, lui répondis-je, si c'est à votre cheval que vous parlez, prenez patience, cela finira bien-tôt.

En effet la scéne se termina, le Pere Seraphique s'évanoüit, mais il rappella ses forces pour me dire : Mon cher enfant, cette avanture doit vous faire voir que même dans les animaux, c'est une terrible chose que le péché de la chair. Je ne pus pas m'empêcher d'éclater de rire, cependant j'envisageai l'excès de ma faute par ses effets ; je craignis la colére de mon pere, je laissai les deux blessés, dont je n'ai jamais entendu parler depuis, non plus que de mes parens ; je n'ose pas même demander s'ils sont morts, de peur de découvrir qu'ils sont encore vivans.

Je ramenai à Paris les deux chevaux, l'un portant l'autre. Je balançai long-tems sur le choix d'un état, & après avoir pesé les avantages d'être Bel-esprit ou Maquignon, je me décidai pour tous les deux.

J'eus une jolie pouliche de l'avanture des Capucins ; apparamment que la jument avoit en ce moment regardé le Révérend Pere Alleluïa de Quebec, car la pouliche étoit une bête à longs poils.

Je l'échangeai contre une vache ; je l'enfermai avec le cheval, il en nâquit une espéce singuliére d'animal qui avoit les jambes de cheval & tout le corps de vache ; cela me donna l'idée d'une nouveauté. J'attendis que mes deux animaux m'en eussent encore donné un pareil ; cela me fit un équipage de deux chevaux à cornes que je vendis, & c'est de cette espéce qu'on s'est servi long-tems pour aller les matins au Palais.

J'aurois fait une grande fortune, si je n'avois pas eu la fureur d'être en même tems Colporteur; c'est là ce qui m'a perdu, & ce qui m'a prouvé que le Bel-esprit appauvrit autant que l'esprit enrichit.

Je n'entendois parler que de Colporteurs saisis, pris, & emmenés par le Guet à pied; je me fis Colporteur à cheval, & je portai impunément des Brochures dans mes bottes : il est vrai que quand le foin encherissoit, j'étois obligé de vendre mes Livres plus chers.

J'aurois continué long-tems ce commerce, sans un malheur qui m'arriva.

Je débitois depuis quelque tems des Dissertations sur les bêtes à cornes, mais on m'en envoya un balot d'exemplaires, dans le corps desquels on avoit malignement inseré plusieurs avantures, qui n'étoient méchantes que parce qu'elles étoient vraies; elles avoient toujours le Titre de Diſſertations.

Diſſertation ſur Monſieur.... Procureur en la Cour. Par ſes Clercs & Conſors.

Diſſertation ſur Monſieur..... Conſeiller aux Conſuls. Par un Conſeiller de Cour Souveraine.

Diſſertation ſur Monſieur..... Docteur en Médecine. Par ceux qui ne ſont pas ſes Malades.

Diſſertation ſur Jean Gilles-Claude Venez-y-voir, Expéditionnaire, qui a pris le nom de ſa femme, parce qu'elle eſt de famille d'Epée & qu'elle s'en reſſent elle-même, ayant plus de diſpoſition que ſes trois freres à être Chevau-leger.

Le débit de ces Exemplaires me perdit, je fus accuſé, pris & renfermé ; depuis ce tems on ne voit plus de Diſſertations, mais on voit toujours des bêtes à cornes.

HISTOIRE
DE CATHERINE CUISSON
Qui colportoit.

MA mere avoit été couturiére, mais par pareſſe elle avoit ſi bien oublié ſon métier, qu'elle ne fut même jamais tentée de m'apprendre ce qu'elle en ſavoit encore. Elle avoit épouſé mon pere pour avoir un mari. On connoît l'incommodité de cette eſpéce d'hommes ; cependant elle a ſes avantages, & bien des femmes n'en prennent que pour empêcher de parler. Quel que fût le motif de ma mere en épouſant mon pere, il avoit été Facteur de la Poſte, mais trop ſujet au vin, il avoit perdu ſon Emploi, & s'étoit vû réduit à faire uſage de la grande connoiſſance qu'il avoit des rues de Paris, pour faire les commissions du tiers & du quart. Il est vrai qu'il y avoit souvent une grande différence de son exactitude du matin à celle du soir. Malgré tout ce qu'on en a pû dire dans le quartier, (car la langue des voisins est une terrible chose,) indépendamment des autres apparences, j'étois très-assurément la fille de mon pere, non par mon goût pour le vin, car je n'ai jamais été sensible au plaisir de boire, mais si je n'y avois fait attention de bonne heure, j'avois une grande disposition à traîner la savate & à courir les rues comme tant d'autres. Les pauvres ont ordinairement beaucoup d'enfans, réduits à ce qui ne leur coûte rien, ils en font usage : sur ce principe, notre famille auroit dû être fort nombreuse, cependant je n'ai eu qu'une petite sœur; sans nos malheurs, j'aurois pû répondre qu'elle m'auroit imité & qu'elle auroit profité de mon exemple. Mais pour revenir à moi, les exemples de ma famille me dégoûterent de la fainéantife & m'apprirent qu'il n'eſt point aifé de paſſer tout le jour fans avoir rien à faire : d'ailleurs je fentis de très-bonne heure en moi une envie démefurée d'être parée & d'être trouvée jolie ; c'eſt à cette envie feule que je dois l'éducation que je me fuis donnée, c'eſt elle auſſi qui me met en état d'écrire aujourd'hui mon Hiſtoire & mes Malheurs. Si le Titre des Malheurs n'eſt pas nouveau, du moins il eſt heureux ; j'ai même été au moment de le donner à cet Ouvrage, mais j'ai changé d'avis, on verra dans la fuite que ce n'eſt pas la feule fois.

Animée du defir de plaire, que j'ai porté, je l'avoüe, dans toutes les actions de ma vie, pour n'être point grondée, & fur-tout pour n'être point auſſi laide qu'on m'avoit dit que je l'étois en pleurant,

DES COLPORTEURS. 89

j'appris d'une façon singuliére tout ce qu'on peut apprendre à l'Ecole, j'y occupois toujours la premiére place ainsi qu'au Catéchisme. Une Dame de notre Paroisse & de nos voisines m'avoit trouvée jolie, & fournissoit aux petites dépenses que pouvoit coûter mon éducation. Je n'avois pas quinze ans quand cette bonne Ame mourut, au moment qu'elle alloit me mettre en apprentissage, je n'ai jamais sçû trop dequoi ; ce qu'il y a de certain, c'est qu'on pouvoit tout me montrer, car j'étois encore plus curieuse qu'ignorante.

Quelques jours après sa mort, j'allai faire mes complimens à son fils ; il étoit revenu de l'Armée, où il étoit Gendarme, pour recueillir une Succession qui ne répondit point à ses espérances : je l'avois connu autrefois, mais depuis long-tems sa mere m'avoit défendu de lui parler. Si je le trouvai plus grand, il me trouva plus jolie, & me dit qu'il n'ignoroit pas les intentions favorables que sa mere avoit eu pour moi : il ajouta qu'il vouloit les suivre en me montrant un métier qui n'étoit pas difficile. En effet, il me le montra & me donna les premiéres leçons en me faisant lire devant lui & en m'apprenant tout ce qui fait aujourd'hui le sel & l'agrément des Brochures. Si j'avois eu de l'ardeur pour l'Ecole & pour le Catéchisme, on peut juger de celle que je sentis pour mes nouvelles études. Mon Maître, mon Gendarme, mon bon Ami, ne s'en tint pas là ; pour me mettre en état d'aider mes parens & de m'entretenir dans une espéce de propreté, il me présenta & répondit de moi à quelques-uns des Libraires qui savent se passer de privileges. Dès-lors ils me confiérent leurs marchandises avec plaisir pour les porter à toutes les prati-

DES COLPORTEURS. 91

ques, que je ne fus pas long-tems sans me procurer. Ce ne fut pas la seule obligation que j'eus à cet honnête homme, il ne négligea aucun des détails qui pourroient servir à mon instruction ; il m'apprit par où & comment on prenoit les hommes : ainsi une pinte de vin payée à un Suisse, une bouteille offerte à propos au premier Laquai de Monsieur ou de Madame, j'étois assurée de ne trouver jamais la porte fermée & d'entrer dans les appartemens, quand on croyoit qu'il y faisoit bon pour moi ; car les Domestiques ont sur cela un instinct merveilleux. Tantôt j'étois introduite pour interrompre le languissant tête-à-tête du mari & de la femme : Que j'étois bien reçûë ! Combien regardoit-on mes Livres ! Combien craignoit-on mon départ ! Combien étoit-on de tems à conclure le marché d'un Livre ! On m'annonçoit une autre fois pour autoriser le tête-à-tête de Madame avec son Amant, au moment que le mari alloit arriver. On étoit alors si content de me voir en tiers, on me savoit tant de gré dans ce moment, que par un sentiment de reconnoissance intérieur, l'Amant & la Maîtresse ne me renvoyoient point sans m'acheter, & le marché étoit toujours accompagné de ces marques d'amitié que la reconnoissance de l'Amour exprime avec des mots si doucement choisis & exprimés. Assez jolie d'ailleurs avec le babil que j'avois acquis, mon visage me faisoit bien recevoir du Maître de la maison, des Enfans, & même du Précepteur, quand il n'y avoit point d'Etrangers. Ainsi de quelque façon que ce fût, même dans les premiers commencemens de ma Profession, j'avois le débit de ma marchandise. Cependant ma mere me suivoit encore, & vouloit me conduire dans les maisons ; je m'apperçus bien-tôt que cela me contraignoit & dérangeoit bien des choses : j'avois plus d'esprit qu'elle, aussi je me déterminai à lui dire un jour avec beaucoup de politesse : Ma mere, vous n'y entendez rien, c'est pour avoir de l'argent que vous venez avec moi, c'est pour me tout prendre ; croyez-moi, ce n'est pas votre affaire, laissez moi faire, &, sur ma parole, quand j'irai seule, je vous rapporterai beaucoup davantage, quand même j'en garderois, comme de raison, la moitié pour moi. Ma mere voulut en essayer & s'en trouva bien : en effet, sans tout ce que je donnois à son insçû à ma petite sœur & à mon pere, & sans compter tout ce que je mettois sur moi, il n'y avoit point de jour que je ne rapportasse à la maison des cent sols & des six francs.

Il ne m'est jamais trop arrivé d'avantures intéressantes, mais bien d'intéressées, & j'aurois fort voulu que la liberté regnât moins dans Paris, mais les femmes y sont trop libres pour avoir besoin d'employer aucun stratagême pour donner & recevoir des lettres : cette partie de ma Profession, que j'aurois pû faire valoir sans rien déranger de mon débit, ne m'a donc jamais été d'aucune utilité. Le seul embarras où je me sois trouvé est celui-ci : J'étois chez le Comte L*** un matin, car j'avois remarqué que les lectures du matin étoient les plus favorables ; le Comte avoit renvoyé ses gens, & , malgré le nombre des visites que je lui rendois depuis quelques jours, j'ignorois que sa femme fût jalouse ou qu'elle feignît de l'être. J'étois donc chez lui fort tranquillement & fort à mon aise ; l'oreille extrêmement fine, que Dieu m'a donné, me servit utilement, j'entendis marcher quelqu'un ; je m'apperçus alors que j'é-

Catherine Cuisson.

tois un peu trop comme la Maîtresse de la maison ; je me levai promptement & je courus au paquet de mes Livres : Madame entra dans le moment que je disois avec une présence d'esprit admirable : Oüi, Monsieur, il m'est aisé de vous prouver que ce Roman n'est pas fini, & que cet incident suspend absolument toute l'action. La Comtesse se contenta de me regarder fort noir, mais moins encore que son mari : notre scène muëtte me prouva qu'elle n'aimoit point la lecture, & moins encore les études de son mari ; persuadée d'ailleurs que je joüois à mon tour le rôle que la femme venoit de joüer, c'est-à-dire que j'étois de trop, & de plus, certaine de ne pouvoir conclure le marché que j'avois commencé, je ployai bagage & je sortis.

Quelques jours après, curieuse de savoir le dénoüement de l'avanture, je revins dans la maison, & le Portier me dit en confidence qu'il avoit ordre de ne me laisser jamais entrer; je n'en ai jamais sçû davantage & j'ai perdu ces gens-là de vûë. Hélas! on fait bien d'autres pertes.

J'avois remarqué que les Ouvrages des gens du monde, quoique peu corrects & assez mal écrits, avoient un certain tour négligé qui les faisoit passer malgré la critique amère des Auteurs de profession, qui ont tous la petitesse de croire qu'une idée qu'ils n'auroient point euë est un bien qu'on leur enlève; & quoique la fureur de ces Messieurs soit de passer pour gens du monde, un de ceux-ci quand il écrit, leur paroît toujours un intrus. M'embarrassant peu de leurs idées bonnes ou mauvaises, j'engageai plusieurs jeunes-gens à travailler & à me donner leurs Manuscrits; j'en ai fait imprimer dans les tems heureux

reux de notre prospérité, & j'ai eu lieu de me loüer, sinon de leurs succès, du moins de mon débit. Je dois peut-être me reprocher d'avoir fait penser ces jeunes-gens à devenir Auteurs, mais les petits comme les grands ne sont occupés dans le monde que de leur intérêt présent ; d'ailleurs tout bon Colporteur, comme tout bon Marchand, ne doit-il pas sacrifier son pere pour un médiocre intérêt ? Aussi j'ai souvent attribué de fort mauvais Ouvrages à de fort honnêtes gens qui n'avoient jamais pensé à les faire, pour en déterminer l'acquisition. Cependant, il le faut avoüer, j'ai dû le fin de mon métier à un Abbé dont le portrait & le caractère peuvent trouver ici leur place.

L'Abbé du Q... étoit un homme entre deux âges, mais plus frivole que la plus jeune Coquette, il étoit Abbé simplement pour l'Habit &

G

les commodités qu'il en retiroit ; cet ajuſtement lui évitoit les inſultes, ou du moins le danger de les relever, & lui donnoit l'entrée de pluſieurs bonnes maiſons que ſa naiſſance lui auroit fermées, car il étoit fils d'un Marchand de la rue Saint ..... qui lui avoit laiſſé beaucoup de bien. Jeune, il avoit voulu faire le brave & le fendant ſur le pavé de Paris, car la valeur, ou plutôt ſes airs, ſont la folie des jeunes François. Mais ce métier ne lui avoit pas réüſſi, & il l'avoit fait avec ſi peu de ſuccès, qu'il fut obligé de changer de nom, d'habit & de quartier ; il profita pleinement de l'avantage des grandes villes ; en fort peu de jours il devint un homme nouveau, & ce qu'il entendit dire de lui-même, ſans qu'on pût ſoupçonner qu'il y prît intérêt, ſervit à le confirmer dans ſon nouvel état & l'engagea à reſſerrer les bornes de ſa Société. Il vivoit dans la mollesse, ne se refusant aucune commodité, n'allant que rarement en carosse, il en eût été fatigué, la chaise à porteur convenoit seule à l'arrangement de sa perruque ainsi qu'à la conservation de sa personne. Il s'éloignoit peu de chez lui, car il ne voyoit que quelques femmes opulentes qui avoient de très-bons cuisiniers & qui l'accabloient de complaisance ; les Amans, les Maris, les Femmes même le comptoient pour rien, quelque part qu'il eût dans leur intimité. Il n'étoit point jaloux, la jalousie l'auroit fatigué, mais la considération que l'on avoit pour ses décisions ne se peut exprimer, il étoit l'*Esprit* de ces Dames. C'est le nom que l'on peut en effet donner à ceux qu'on laisse décider par paresse ou par stérilité. On me donna sa pratique comme une des meilleures de Paris, & quoiqu'il n'achetât jamais de mes Livres, je remercie tous les jours celui qui me l'a procurée, quoiqu'en vérité je ne sçache plus son nom, mais il faut être reconnoissante. Voici l'explication de cet endroit de mon Histoire, qui me paroît nécessaire.

D'abord qu'un de nos Livres paroissoit, je le portois chez lui; il est d'une extrême importance à Paris d'avoir les Brochures le premier, j'avois cette attention pour lui, non seulement pour entretenir ses bonnes graces, mais pour mon utilité. Il lisoit le Livre avec une extrême diligence & donnoit des noms à tous les portraits, vrais ou faux, il ne lui importoit. La justesse & la vérité ne m'étoient pas plus nécessaires, il me suffisoit de les retenir, & c'est à quoi la mémoire que j'avois exercée de bonne heure au Catéchisme, me fut d'un merveilleux secours. L'Abbé du Q… connoissoit tout le monde, mais il n'en savoit que le mal, il étoit méchant comme tous ceux qui ont des vices, ou qui sont notés, ils craignent la vertu, ne pouvant la détruire, ils la nient autant qu'il leur est possible. Le moyen que je lui présentois en étoit un dont il profitoit pour satisfaire sa bile d'une façon qui ne le pouvoit commettre ; aussi avoit-il grand soin de me marquer les meilleurs endroits, il m'instruisoit des beautés ou des défauts du style, & surtout baptisoit les Anonymes ; c'est ainsi que je me trouvai, comme les Dames chez lesquelles il régentoit, chargée de son jugement. Il faut convenir, & je m'en rapporte aux deux tiers de Paris, qu'il est assez doux de ne se point donner la peine de lire, ou, si on lit, d'éviter celle de réfléchir, & de trouver un jugement tout fait qui soutienne la conversation du jour, donne une bonne opinion de son esprit à ceux qui en ont, &, ce qui est plus véritable, en impose aux Sots, dont le nombre est fort étendu. Aussi l'Abbé du Q… qui n'estimoit point les hommes, me disoit qu'ils étoient méprisables, & que les Ouvrages du genre frivole & amusant étoient absolument soumis à la mode & aux circonstances, & qu'enfin tel étoit tombé pour avoir paru le Lundi, tandis qu'il auroit réüssi, si on l'avoit mis au jour le Mercredi ; j'en ai eu la preuve plus d'une fois, en faisant mettre par ses conseils, un Titre nouveau, quelques mois après, à quelques-uns de ceux qui n'avoient pas réüssi. J'ai encore remarqué par les réfléxions de mon Abbé, que la haine ou l'amitié que l'on a pour le nom de l'Auteur, & sur-tout la considération que le Public a pour lui, décide souverainement ; car dans Paris il n'y a qu'un *Faiseur* en chaque genre, tous les autres, quels qu'ils soient, ont l'exclusion ; mais la Providence y met ordre, il faut que tout le monde vive, & le plus long règne n'est pas d'une durée fort étenduë.

Enfin, la persécution est arrivée, l'ingratitude a triomphé, ceux que nous avons soutenu au milieu des périls nous ont affligé ; Bicestre, la Bastille, l'Hôpital & l'Exil, ont été la récompense de nos peines & de nos soins ; pour moi, voici le tableau de mes miséres & des malheurs de ma famille. J'avois soin de ma petite Sœur & je l'envoyois à l'Ecole, dans l'espérance, comme je l'ai dit, de lui apprendre mon métier & de lui donner incessamment mes plus mauvaises pratiques ; je ne suis plus en état de la soutenir & je crains bien que ce ne soit une fille perduë. Ma mere est obligée de travailler ; mon pauvre pere gémit de sang froid de ne plus rien recevoir de moi ; moi-même je suis obligée de n'avoir plus d'esprit, ou du moins de ne savoir à quoi l'employer ; je ne sçai point demeurer sans rien faire, ni sortir sans avoir d'objet ; ainsi je serai peut-être réduite à faire un bon mariage avec un homme riche à la vérité : mais tout mariage est *bas* & *crapuleux* ; & quel mariage peut valoir la vie delicieuse que je menois & me consoler de ce que j'ai perdu.

La Reine de Congo.

LA REINE DE CONGO,

TRAGEDIE,

Donnée, autant qu'il a été possible, par Extrait, avec l'Histoire de l'Auteur par rapport à la Piéce.

J'AVOIS fait quelques Piéces de Vers, (c'est l'Auteur qui parle) & ces Piéces m'avoient attiré les éloges de tous ceux à qui j'en avois fait la lecture ; flatté de les avoir reçus, je voulus les mériter davantage, & le Théatre me paroissant une carriére digne de mes talens, je résolus de m'y présenter. Pour cet effet, je travaillai avec ardeur pour remplir mon Porte-feüille de plusieurs morceaux sur la Haine, l'Amitié, la Vengeance, la Gloire, l'Ambition & la Colére; je les joignis à quelques descriptions de tempêtes & d'orages de terre & de mer, & à tous les Madrigaux que j'avois faits dès ma plus grande jeunesse : alors je me trouvai comme les Compositeurs de Musique qui font des Gigues, des Loures, des Rigaudons, des Passacailles & des Ouvertures, pour leur servir quand l'occasion se présentera, sans avoir encore la moindre idée des paroles de leur Opera. Dans cet état d'opulence, je cherchai mon Sujet; le genre de la Comédie se trouvant aujourd'hui confondu avec celui de la Tragédie, je balançai quelque tems avant de savoir quelle Muse, de Thalie ou de Melpomène, j'ornerois de mes Richesses. Enfin, la Reine de Congo se présenta à mon esprit avec les couleurs les plus convenables au tragique; ce nom, connu de tout le monde, n'étoit pas assez établi dans l'Histoire pour contraindre sur la façon de le traiter : ainsi après avoir imaginé un Tiran qui dit des impiétés, un Prince amoureux & aimé, un autre qui ne l'étoit point ; une Princesse indécise hors sur l'amour, une Reine marâtre & encline à l'inceste, un Ministre traître, une reconnoissance, un songe & un oracle, je me mis à faire des Scénes qui devoient nécessairement entrer dans mon Ouvrage; ensuite je fis un plan, &, mes matiéres ainsi disposées, je distribuai ces mêmes Scénes : je fis les Vers de Liaison, & je réveillai les endroits qui me parurent les moins brillans par des tableaux, des maximes, & des Lieux communs tournés en neuf ; en un mot, je me vis bien-tôt en état de lire de suite à mes amis & à mes connoissances, ce que je n'avois lû jusques-là que par lambeaux ; car un Auteur doit toujours lire ses Ouvrages ou les réciter de mémoire, son amour propre en est merveilleusement entretenu.

La premiere lecture de ma Piéce entiére se fit chez une de mes voisines, elle étoit femme d'un Procureur très employé; on ne peut lui refuser beaucoup d'esprit & de goût, car elle accompagne très-bien du clavecin, & reçoit parfaitement son monde : elle invita deux de ses amies ou complaisantes, & un Habitué de la Paroisse tout-à-fait galant homme ; un Chanoine de Saint Innocent ne s'y trouva pas, mais un Chevalier de Saint Louis, jambe de bois, qui faisoit ordinairement la partie de ces Dames, fut exact au rendez-vous, & me promit avant de commencer beaucoup d'éclaircissemens sur la guerre. Un Auteur n'aime point trop à être chicané, ainsi nous choisîmes le tems d'une absence du Procureur. Le Maître Clerc m'attendoit sur la porte, quand j'arrivai, & me pria d'obtenir la permission d'assister à ma lecture. On voit par-là que cette Dame vivoit sur un autre ton que ses égales, puisque celui-ci jeune, & bienfait d'ailleurs, avoit si peu de crédit. Je commençai, les Dames me loüérent à chaque Vers, l'Habitué trouva plusieurs choses contre les commandemens ; je le rassurai sur la conscience de la Famille Royale de Congo, & je le fis convenir qu'il n'étoit pas possible de prévariquer contre ce qu'on ne connoissoit pas. Le Militaire me chicana sur un récit de Bataille & me rapporta plusieurs exemples contraires, tirés de celles où il s'étoit trouvé sous les ordres du Maréchal de Villars : j'alléguai inutilement la différence des armes, des climats & des Nations, & si la Compagnie n'avoit pris mon parti, j'aurois été obligé de finir ma lecture dès la troisiéme Scéne. Enfin, la galanterie obligea M. le Chevalier de me donner audience, mais le Clerc fut plus tenace ; il alloit souvent à la Comédie, & la moindre ressemblance, il ne me la passoit point sans me la reprocher ; il sembloit qu'il fût à l'affut de tous mes Vers ; il tiroit même avec plus d'acharnement sur le second Vers, & disoit toujours qu'il l'avoit vû quelque part, malgré des objections ausquelles je n'étois pas accoutumé & que je souffris très-impatiemment. L'Assemblée se réünit à la fin pour me donner des éloges qui me persuadérent sans peine la magnificence de mon Sujet & la bonté de ma Piéce.

Depuis ce tems je fus plus considéré de ces mêmes personnes ; chaque Membre de cette Société fut touché de la préférence que je lui avois donné, & me jugea plus d'esprit, par la raison qu'il croyoit en avoir davantage. Mon Ouvrage ayant acquis une certaine propriété à leur égard, il seroit aisé d'analyser ces détails & ces motifs de l'amour propre, nous en avons tant d'exemples : enfin, soit par la façon dont les Dames sur-tout disoient tout haut avec un air de mistére : Connoissez-vous la Reine de Congo, ah que cela est beau ! L'Auteur me l'est venu lire, je lui ai donné des conseils ; quand vous voudrez, je vous la ferai entendre, j'en dispose, & toutes les pauvretés toujours répétées en cas pareil : enfin, soit par le bien que j'en disois moi-même à propos de tout, ma Piéce fit du bruit ; je la lus chez un Notaire qui m'assura qu'elle étoit *au parfait, au plus beau*, & qui voulut passer acte d'une garantie de succès. Bien-tôt je fus prié à souper chez des Sous-Fermiers, pour lors j'entrai dans un plus beau monde, & je commençai à recueillir les fruits & les avantages de l'esprit ; il y eut même une lecture engagée chez un Fermier Général, mais par des incidens qui survinrent, elle n'eut point de lieu. Enfin accablé d'éloges qui ne me suffisoient point encore, & tout le monde me conseillant de ne point priver ma Nation d'un de ses plus beaux ornemens, je me déterminai à demander une lecture aux Comédiens, pour prendre datte & avoir des entrées qui produisent encore plus d'honneur que d'utilité, en attendant le jour auquel je me promettois les plus grands triomphes. . . . . .

Le Colporteur, pour rendre son récit plus piquant, introduit en cet endroit une Traduction Angloise qui conduit un Auteur auquel il a trouvé du rapport, jusqu'à la fin de la premiére Représentation.

Déterminé à paroître en Public, un de mes amis m'annonça à la Troupe & prit jour avec elle pour admirer l'effort de mon génie ; il m'avoit m'avoit donné rendez-vous à un Caffé voisin, je m'y trouvai, & selon les obligations que je lui avois, je lui payai une demi-bouteille de superfin; il me recommanda en la buvant, de ne me point déconcerter & de lire avec hardiesse: il avoit raison, une lecture insolente est presque toujours sûre.

Nous arrivâmes devant ce magnifique Aréopage, & il m'abandonna à la porte de leur Hôtel; les figures dont il étoit composé me surprirent, je n'apperçus que des Buches de différentes formes & de différens âges; il y en avoit de belles, de droites & de bien faites; d'autres étoient absolument rabougries, quelques-unes étoient lisses, d'autres avoient l'écorce rude & gersée; mais l'écorce ne vouloit rien dire & le cœur en général en étoit pouri; plusieurs dans le nombre avoient été si long-tems flottés qu'elles s'allumoient à la moindre étincelle, sans jamais laisser le plus petit charbon. J'eus peine à retenir mon sérieux quand toutes ces Buches me firent la révérence avec dignité, & me dirent de m'asseoir, en ajoutant qu'elles étoient prêtes à m'écouter ; toute assemblée est imposante, je me retins, & je pris bien-tôt un air convenable ; je lûs avec la vanité que m'inspiroit mon Ouvrage, on me fit quelques objections, & je sortis selon l'usage pour laisser la liberté d'aller aux voix. J'eus la curiosité d'écouter la conversation, elle fut vive, mon amour propre en fut blessé ; toutes les Buches convinrent que ma Piéce ne valloit rien, mais par les reproches qu'elles se firent, je compris que l'une vouloit la recevoir, pour avoir le Rôle pendant la maladie d'une premiere Buche, l'autre pour faire de la peine à une de ses amies ; enfin d'autres motifs dont je ne pûs démêler les raisons, firent accepter ma Piéce & les engagérent à signer leur consentement sur le grand Livre. Je rentrai selon l'usage pour recevoir mon arrêt, je remerciai & j'en agis comme si j'eusse été satisfait, mais j'étois intérieurement piqué contre mes Juges; dès-lors j'en appellai en moi-même à la grande assemblée des Cruches. Cependant pour ne manquer à rien & ménager des Buches qui m'étoient si nécessaires, après avoir fait quelques corrections qu'on m'avoit demandées, j'allai faire mes visites, en présentant mes Rôles, & je me confirmai par l'exemple dans la nécessité de feindre, car avec un art que je n'aurois jamais demêlé, si je n'avois écouté à la porte, elle me dirent tout le contraire de ce que j'avois entendu & d'un ton d'assurance qui me faisoit presque illusion.

Quelques tems après les répétitions commencérent, & l'envie d'être joué jointe à la dépendance où je me trouvois, me fit essuyer des Buches un nombre infini de plaisanteries qui me parurent fort améres, & cependant je vis clairement que j'étois bien éloigné de les entendre toutes.

Quand je fus en état d'être joué, on envoya ma Piéce chez le Juge de paix, pour sçavoir s'il convenoit au Parlement & à la Nation de leur en donner la représentation ; mais le Magistrat & ses Suppots voulurent en faire leur usage ordinaire, c'est-à-dire, s'en servir pour faire leur cour, divertir leurs amis, amuser leurs Maîtresses, & faire tort (chemin faisant) à un Auteur, en ôtant la nouveauté à son Ouvrage & en avertissant des ridicules qu'on y peut trouver. Apparamment qu'ils trouvérent la mienne convenable à leurs desseins, car ils la gardérent au moins quinze jours plus qu'ils ne le devoient, & le tout sous de vains prêtextes qui n'avoient que la paresse ou l'abus de leur autorité pour excuse.

Enfin la Piéce fut approuvée & renduë : Quand le jour de la représentation fut arrêté je me trouvai dans un embarras que je n'avois pas prévû, il regardoit la conduite qu'il falloit tenir par rapport à l'Affiche ; quelques amis ou plûtôt quelques-uns de ces preneurs d'intérêts, qui donnent des conseils pour parler, & qui pour se donner un air de plus s'approchent des Auteurs lorsqu'ils vont paroître, me conseillérent de ne point faire afficher ma Piéce, pour éviter, disoient-ils, la foule, & l'humeur que la chaleur & l'incommodité peuvent donner sur le meilleur Ouvrage ; mais les Buches s'y opposérent, ne voulant pas perdre le jour le plus assuré pour la récompense de leurs peines & de leurs mémoires, jour dont mon titre seul répondoit, sous-entendant même assez grossiérement qu'il étoit meilleur que le reste de l'Ouvrage: Cette raison toute humiliante qu'elle fut pour moi exigea ma condescendance, & j'eus le lendemain le souverain plaisir de voir * *La Reine de Congo* : en caractéres rouges au coin de toutes les Ruës. Jamais Potentat ne fut accompagné d'un cortége aussi brillant que celui d'un si grand nombre de titres que je découvrois à chaque instant, mon imagination les animoit; fier de mon esprit, je croyois que tout le monde étoit instruit & me portoit envie ou bien admiration: l'une ou l'autre flattent également un Auteur.

On fit les dispositions, les Troupes commandées furent placées; on avoit armé deux cent Cruches

* Apparamment qu'on affiche en Angleterre, comme nous faisons en France.

en ma faveur & aux dépens de ma retribution, un nombre au moins pareil à cause de la circonstance des tems, fut envoyé par le second Theâtre, pour détruire mes espérances ; la Salle se trouva exactement remplie, on commença & je m'abandonnai au hazard qui sous le nom de jugement, est le Dieu dominant de l'assemblée des Cruches ; une mouche, un rien la détermine & la fait varier du blanc au noir, de l'applaudissement à la critique ; du mépris à l'admiration. Les Cruches mes ennemies ne furent pas long-tems sans faire connoître leurs dispositions & voululurent troubler les Buches qui parurent les premiéres ; les Cruches mes amies s'opposérent à leurs desseins : les unes & les autres renfermérent une si grande variété de liqueurs qu'on ne sçait comment se gouverner avec elles ; aucune régles pour les juger d'avance, rien d'assuré pour leur faire entendre le droit & la raison ; les Coquemarts mêmes les plus solides de cette société momentanée se trouvent souvent entraînés malgré leur résistance.

J'éprouvai tous les événemens & les révolutions possibles dans cette tumultueuse assemblée ; enfin après deux heures d'une souffrance impossible à décrire, déchiré par des huées, des mouchoirs, des rires, & peu rassuré par des applaudissement à mon gré toujours trop foibles, ne sçachant si j'avois réussi, je l'emportai à l'annonce qui me fut favorable : on voit qu'il n'y a guére eu d'affaire plus disputée.

Ici le Colporteur quitte ce me semble la Traduction Angloise & reprend l'Auteur François.

Je descendis de la Loge grillée où j'avois tant souffert ; le repos m'étoit nécessaire après une fatigue aussi cruelle, je comptois m'y livrer, point du tout, on me fit entrer dans les foyers pour recevoir les complimens ; cette cérémonie n'étoit ni fâcheuse ni fatiguante, j'en jouissois quand on me força de monter dans la même chambre où j'avois fait ma lecture, pour faire les changemens nécessaires, disoit-on, pour obtenir un succès éclatant ; j'alléguai vainement le tumulte & le bruit qui m'empêchoient de juger des retranchemens & des coupures qu'il étoit convenable de faire ; mais chaque Acteur & surtout les Actrices intéressées à la Piéce, jugeant des choses par leur intérêt particulier & par l'avantage ou le désavantage pesonnel sans attendre mon sentiment, que d'ailleurs je n'étois point trop en état de donner, se mit à trancher, à couper, à rogner & à découdre tout ce qu'il avoit mal joué ou point entendu ; la plus foible liaison paroissoit suffisante dans l'impatience où l'on étoit de se satisfaire & de se séparer.

En cet état comme un squelette auquel rien ne tenoit, je fus représenté une seconde fois ; non-seulement je repris, mais mon succès parût assuré, & malgré mes disgraces j'aurois sans doute été aux nues à la troisiéme représentation : Cependant les ennemis que ma Piéce s'étoit attirée par son mérite, s'avisérent de répandre un nombre infini d'applications ; on les poussa jusqu'à dire que la Reine de Congo ressembloit au grand Lama : le coup fut mortel & la Religion étant intéressée, je fus deffendu sans appel.

Après cette histoire de l'Auteur, on comprend aisément que tous les Colporteurs ne négligérent rien pour avoir une Piéce ornée de toutes les circonstances qui rendent un Ouvrage curieux ; elle fut donc volée & imprimée, mais dans les

DES COLPORTEURS. 123

tems de notre grande persécution, au moment que l'édition de deux mille étoit dans une charette pour être mise en dépôt dans la maison d'un Prince, elle fut saisie & enlevée sans qu'il échapât un seul exemplaire à la fureur du Magistrat & des ennemis de notre corps. Pour diminuer le profit de nos adversaires, on a rappellé ici de mémoire les traits les plus frappans, en attendant la Piéce que l'on promet avec des impiétés qui n'étoient point dans l'Edition saisie ; l'historique d'un morceau qui nous auroit procuré le plus grand débit & le récit d'une perte aussi considérable, qui rappelle au Lecteur les idées de celles qu'il fait tous les jours, sont capables de les toucher & doivent l'engager à solliciter pour nous & à crier contre la persécution. Voici les morceaux que nous avons pû sauver.

SCENE DE POLITIQUE.

LE PRINCE SYRICOSTA,

SALKIS CONFIDENT.

SALKIS.

Enfin dans votre cœur vous étouffez la haine,
Vous avez embrassé l'Amant de votre Reine.

SYRICOSTA.

Cesse d'être ébloui par des dehors trompeurs,
Connois de mes desseins les sombres profondeurs,
Dans un cœur politique apprends ce qui se passe ;
Ses caresses souvent ménagent la disgrace ;
Pour conduire un mortel dans un piège assuré
Il prend de l'amitié le langage sacré ;
Souple quand il le faut son orgueil s'humilie,
Aux plus honteux détours il se prête, il se plie,
Il rampe sans rougir devant son ennemi,

DES COLPORTEURS.

Il devient son flateur & jamais son ami :
Un cœur ambitieux dissimule, s'abaisse,
Il encense le vice, applaudit la bassesse,
Et quand d'un voile affreux il s'est enveloppé
Il écrase soudain celui qu'il a trompé.

SALKIS.

Notre Reine, Seigneur, vous donne un autre exemple,
Son cœur sensible & grand que l'Univers contemple,
D'une haute fortune entoure ses faveurs,
Ses caresses toujours amenent les honneurs ;
De son conseil privé les membres respectables
N'éprouvent de sa part des bontés remarquables
Qu'autant qu'elle eut pour eux de plus grandes bontés,
On voit par ses bienfaits leurs services dictés.

SYRICOSTA.

A de plus grands projets l'ambition me porte,
J'ai la santé bien foible & j'ai l'ame bien forte ;
Jamais l'amour pour moi n'alluma son flambeau,
Je néglige la Reine, & n'en veux qu'à Congo.

MEMOIRES

SALKIS.

Eh quoi vous voudriez ufurper la Couronne ?

SYRICOSTA.

A cet illuftre efpoir mon ame s'abandonne ;
La Reine a des attraits, j'admire fes beaux yeux,
Mais monter fur fon Trône eft tout ce que je veux :
Allons à fon lever, j'affecterai le zéle
D'un Courtifan docile & d'un Sujet fidele.

SCENE.

LA REINE DE CONGO

SEULE.

JE n'en puis donc douter le Prince eft infidele,
Je viens d'en découvrir une preuve nouvelle ;
Je l'avois exilé fur de fimples foupçons,
Enfin après fix mois nous nous réuniffons ;
Je croyois que ce tems de repos & d'abfence
Donneroit plus d'éclat à fa reconnoiffance,

Mais loin de se livrer à des transports si doux,
J'ai cru revoir en lui le feu Roi mon Epoux.
Sans doute pour un autre il a de la tendresse,
Son infidélité paroît dans sa foiblesse ;
A la fleur de ses ans, maigre, flétri, vouté,
Et même respirant avec difficulté ;
Dans ses embrassemens où la langueur éclate
On croit que l'on reçoit l'ame de Mitridate.
Le sentiment suffit pour rompre vivement,
Il faut plus de mérite au racomodement.
Et voilà le sujet dont mon ame est aigrie :
Le Prince n'est brillant que dans la brouillerie,
Mes infidélités ont pû le dégoûter ;
Mais aulieu de les suivre il doit les respecter ;
Il doit être constant quand je suis inconstante,
La vertu d'une Reine est d'être bienfaisante,
Toujours l'humanité doit être sous ses yeux :
Elle doit s'appliquer à faire des heureux :
Le Prince étoit instruit quand j'ai changé de chaîne
Que j'étois infidele en qualité de Reine.
Oüi, je dois dispenser mes faveurs tour à tour,
Ainsi que dans les Cieux on voit l'astre du jour
Retirer loin de nous sa lumiére féconde,

Pour aller la porter au sein d'un autre monde.
C'est offenser mes droits, mon rang, ma majesté,
Que de se consoler près d'une autre beauté :
C'est ainsi qu'on punit les femmes du vulgaire,
Mais on doit plus d'égards au sacré caractére ;
Et bien loin d'essuyer l'ombre d'un seul dégoût
La grande qualité doit garantir de tout.

Voici un Vers de surprise & d'images qu'on n'a pas cru devoir oublier.

Que vois-je ! juste Ciel, le croirai-je, ah Seigneur !

―――――――――

MANUSCRIT PERDU.

J'Ignore si j'ai laissé tomber mon Manuscrit dans la ruë, mais non, il étoit tout mon bien, & je l'aimois

mois & je le considérois trop pour avoir été si négligent ; il m'a donc été volé : ainsi tout le monde m'est suspect & je déclare que tout ce qui se fera sous mon Titre, parût-il dans deux cens ans, m'appartient & ne peut appartenir à un autre sous quelque prétexte que ce puisse être. Il a pour titre les Folies de France, il est d'une assez belle écriture, petite, courante, assez au net, ne s'y trouvant que trois ou quatre ratures plus ou moins par page, sur du papier commun, point coupé, & contient avec le Titre & l'Avertissement 277 pages, qui suffisent aujourd'hui pour un Volume très-honnête, sans avoir besoin de recourir aux gros Caractéres & aux blancs.

Messieurs les Colporteurs m'ont fait l'amitié de me donner une place pour instruire le Public de mon infortune & jetter ainsi une espéce de Monitoire ; Dieu veuille que ma démarche engage le voleur à restitution ; on dit cependant que les restitutions sont plus rares que les larcins parmi Messieurs les Auteurs : quoiqu'il arrive, ma reconnoissance est plus forte encore que le bienfait.

L'Avertissement que j'ai heureusement retenu par cœur suffira pour faire connoître mon plan, mes motifs, l'importance de la perte & constater ma propriété.

AVERTISSEMENT.

JE me crois obligé d'avertir le Public que cet Ouvrage ne ressemble point & n'a aucune espéce de rapport avec la Folie, que l'on m'a dit avoir été fait par un certain Erasme, que je déclare ne pas connoître ; on va juger si j'en impose.

Les Folies d'Espagne, dont j'ai toujours entendu parler comme d'un chef d'œuvre qui charme depuis si long-tems l'Europe, m'ont donné l'idée de mon Livre, & je l'ai saisie avec avidité ; jaloux de voir que ma Nation parût être surpassée en un point où elle excelle. A proprement parler, ce que je donne aujourd'hui n'est qu'un essai ; indépendamment des Mémoires particuliers qu'on m'a fait espérer, la Nation travaille pour moi avec autant d'ardeur qu'un Auteur pressé par le besoin. Toutes les Histoires & les Avantures qui composent ce Volume sont rapportées avec les noms, surnoms & qualités des personnes de l'un & de l'autre sexe, de quelque état & condition qu'elles puissent être ; ce qui ne laisse aucune obscurité dans l'Histoire du siécle & doit satisfaire pleinement le Public & m'assurer en même tems la promptitude du débit. Adieu, cher Lecteur, ne prétez point vos exemplaires, engagez aucontraire vos amis à en acheter.

Après avoir aussi-bien exposé la nature du vol qui m'a été fait, l'Imprimeur & Messieurs les Colporteurs m'assurent que le détail de mes infortunes attendrira le Lecteur & l'engagera sans doute à ne rien négliger pour me faire retrouver un effet si considérable & me rétablir dans la plus juste des possessions.

VIE DE L'AUTEUR.

J'Ai été porté si jeune aux Enfans trouvés que l'histoire de ma famille & celle de mes parens ne sera pas longue, cependant les sentimens que j'ai toujours conservé malgré la bassesse de mon éducation, m'ont persuadé que ma naissance étoit illustre, plus encore qu'un collier d'Ambre que j'avois au col quand je fus exposé, ce qui auroit pû me persuader sans peine que mon pere ou ma mere étoient Allemans, car on sçait assez que l'Ambre nous vient d'Allemagne ; mais sans m'attacher à des preuves qu'on pourroit me contester, mes talens & principalement mes vertus auroient dû me procurer une vie moins tissuë de malheurs & de peines. On verra si je me les suis attiré par négligence, par mauvaise conduite, ou par de foibles talens.

Quand j'eus atteint l'age de dix ans, un des Administrateurs de l'Hôpital qui m'avoit pris en amitié & qui m'avoit fait apprendre à lire & à écrire, voyant que personne ne me reclamoit, me fit entrer Boursier dans un College ; quelque dure qu'eût été ma premiére éducation, j'éprouvai dans cette école toutes les rigueurs que le défaut d'argent fait souffrir ; car rien n'est moins exécuté dans ces Maisons que l'intention du Fondateur ; l'argent est reçu, il est devenu un fonds destiné à d'autres usages. Qui portera les plaintes ? Sera-ce un Enfant timide & malheureux ? Enfin à l'âge de dix-sept ans, dégoûté de la dureté de mes Supérieurs, abbatu par un jeûne si long-tems éprouvé, n'ayant que la peau sur les os, & un fort méchant habit sur le corps ; l'ambition me dévorant, & redoutant les horreurs de l'hyver, je courus une veille de S. Martin m'engager sur le Pont S. Michel ; c'est là qu'on ne fait point attendre ; je n'étois point mal fait, j'avois la taille & je promettois de n'en pas demeurer à celle où j'étois parvenu ; aussi mon impatience fut bien-tôt satisfaite, & j'eus sans autre intérêt de ma part que l'honneur de boire à la santé du Roi, ou plûtôt celui de manger amplement pour ses prospérités, le commandement d'un fusil qui me fut délivré dans une Ville de Flandres, pour laquelle on me fit partir aussi-tôt. Je ne gardai pas long-tems cet important emploi, car il y a de mauvais esprits par tout ; mon ambition n'étoit pas de l'espéce qui ne refuse rien pour se contenter : tout Guerrier que j'étois, j'avois du goût pour la paix qui régnoit alors dans l'Europe, & plût au Ciel que tous les Princes qui la gouvernent m'eussent ressemblé, il y auroit bien des gens qui vivroient encore ; quoiqu'il en soit, j'étois difficile à mettre en colére, & loin d'être querelleur, je me laissois quereller tant qu'on vouloit; on me fit un crime de ces qualités pacifiques & je fus cassé au bout de six mois avec assez d'éclat & plus de cérémonie que je n'aurois désiré, car on donna la peine à tout le Régiment de prendre les Armes pour être témoin de ma reforme.

Voyant mon chemin borné du côté de la guerre, je repris la route de Paris sans aucun projet d'établissement, fort peu chargé d'argent, & fort dégoûté de l'ambition militaire.

J'arrivai dans une Ville de Picardie au moment qu'on alloit tirer la Milice, un Magistrat ou homme de Robe, il n'importe, après avoir vû mon Congé qui se trouvoit dans la meilleure forme, m'engagea de tirer pour son fils; j'ai toujours été noble, peut-être parce que je n'ai jamais été riche, je n'eus point le billet & le Magistrat me logea chez lui, ensuite plus au fait de mon histoire il me promit de s'employer pour me rendre service; il me tint parole & me fit avoir un très-petit emploi dans les Fermes aux barriéres de Paris, je me consolai de sa médiocrité, résolu de me livrer absolument à la Finance : me flattant même de parvenir, au moyen de mon intelligence & de mon mérite, à l'honneur commode de Fermier-Général. J'ai remarqué qu'il est toujours bon de se flatter, ce procédé ne gâte rien pour la réussite & fait toujours passer de bons momens avec soi-même.

Déterminé à remplir ma nouvelle Profession avec distinction, je fus accusé d'avoir poussé l'exactitude trop loin, car pour voir si il n'y avoit rien de contrebande dans un carosse, je fouillai une femme beaucoup plus haut qu'il ne falloit; mais comment pouvois-je deviner jusqu'où alloit la contrebande? on devoit assurément me donner une mesure ou du moins m'avertir, je me serois mis en garde contre un mouvement naturel; quoiqu'il en soit, elle, ou son Mari s'en plaignirent; c'étoit une femme de considération, âgée & sans rouge, (m'a-t'on dit, car il étoit nuit quand je la fouillai.) On donna une fort mauvaise interprétation à mon zéle, on le taxa d'insolence, ma protection m'abandonna & je fus revoqué.

N'ayant plus de ressource & mes espérances étant encore détruites de ce côté, je pris le parti de l'Eglise, mes études & sur-tout mes services à la guerre, me firent recevoir à bras ouverts dans un Ordre où l'on n'est pas bien difficile, mais la qualité de Mendiant ne s'accordant point avec l'orgueil que je reconnus dans tous mes nouveaux Confréres, j'en dis mon avis, j'en témoignai mon étonnement. Enfin je prêchai si bien, que la vanité générale & particuliére fut blessée, & que la Communauté, d'ailleurs fort divisée, n'eut qu'une voix pour me renvoyer & me mettre à la porte; la chose fut exécutée avec tant d'exactitude que je me trouvai sur le pavé, auquel mon étoile semble m'avoir attaché & toujours ramené, à peu de choses près, dans l'état auquel ma mere (telle qu'elle soit) m'avoit mis dans ce monde, pour éprouver les malheurs que je raconte.

Ce fut alors que mes études me furent d'un grand secours & que je devins homme de Lettres.

Les effets du hazard sont quelques fois merveilleux ; banni de l'Etat ecclésiastique, en passant sous les Charniers, j'eus le bonheur de secourir un Ecrivain très-accredité, il se trouva mal au moment que je passois, pour passer, & tomba presque dans mes bras. Sans une telle circonstance, j'aurois été peut-être obligé, malgré l'honneur que j'ai toujours eu en recommandation, de faire le demi-Crucifix. L'Administrateur des Enfans trouvés étoit mort, & le Magistrat de Picardie étoit suffisamment quitte avec moi. L'Ecrivain malade, touché de reconnoissance, bienaise de conserver ses intérêts, & me voyant jeune & sans malice, me fit écrire ; content de ma main, il me proposa d'occuper pour lui. Il étoit homme d'esprit, & il avoit reconnu sans peine mon intelligence & mes talens; il ne me donna qu'une journée de leçons. Notre marché fut bien-tôt conclu, car il falloit vivre l'un & l'autre; enfin je lui rendis un prix honnête à tant par expédition de son Bureau, de son crédit & de ses ustenciles. En travaillant pour lui, non seulement je gagnai dequoi satisfaire à mes engagemens, mais encore je me vis bien-tôt en état de m'établir moi-même, ce que je fis quand la santé de mon ancien fut rétablie : ainsi en me livrant à une Profession tranquille & indépendante, je devins, sous ces mêmes Charniers, comme un autre Diogène, possesseur d'un tonneau, vendant avec succès mon esprit & ma plume ; il est vrai que je prenois moins que mes Confreres, mais ayant plus de facilité, la quantité d'expéditions suppléoit.

Devenu Secrétaire du Public avec assez d'agrément, je vivois heureux

l'Ecrivain des Charniers.

& je savois que je l'étois, quand je fus séduit par les charmes & la gentillesse d'une jeune Lingere qui travailloit dans une Boutique vis-à-vis de mon Etude ; nous étions si peu éloignés, que nous pouvions nous parler sans quitter nos places pendant les intervalles du loisir de nos occupations ; enfin, j'étois dans une telle position que je ne pouvois lever les yeux sans la voir ; les perfidies de l'Amour manquoient à mes infortunes. Un Cœur tout neuf croit souverainement l'Objet aimé : je ne consultai personne, je ne m'en rapportai qu'à elle, elle me conta ce qu'elle voulut de son Histoire & de son Etat ; bref je lui convins, & notre mariage ne fut pas long-tems à conclure. Je trouvai dans ces premiers momens qu'il pouvoit y avoir des augmentations dans le bonheur, mais ce bonheur ne fut pas long ; un Anglois que je n'avois jamais vû dans notre petit logement, non plus que dans sa Boutique, séduisit ma femme, apparamment avec des guinées, comme un autre Jupiter, & l'emmena, sans que depuis j'en aye entendu parler. J'en fus d'autant plus étonné, qu'elle m'avoit toujours dit qu'elle m'aimoit, & que je ne lui avois jamais fait de mal. Mes Voisins charitables commencérent par me plaindre, ensuite, pour me consoler, ils finirent par m'apprendre plusieurs avantures de ma femme qui avoient précédé mon bail, mais je les ai toujours regardées & je les regarde encore comme des calomnies : cependant j'étois touché du motif qui les faisoit inventer, & je ne pouvois m'empêcher d'être sensible à la part que tant d'honnêtes-gens prenoient à mon infortune ; & loin d'être détourné de mon travail par de telles circonstances, je ne fus que plus attentif à mes occupations

DES COLPORTEURS. 143

& plus attaché à mon quartier, d'autant que jamais on ne m'avoit fait écrire un si grand nombre de Lettres, & qu'on ne me les avoit jamais mieux payées ; en voici quelques-unes qui ne sont point hors d'œuvre, par le rapport qu'elles ont avec mon Histoire. Un homme assez âgé, dont la barbe n'étoit point faite ni la perruque poudrée, après m'avoir considéré quelque tems, s'assit auprès de mon Bureau & me dit d'un air austére : Ecrivez, Monsieur, écrivez ; je me mis en devoir.

» Mon ami, (j'ajoutai pour le
» stile, je vous écris ces lignes)
» pour vous mander que je me suis
» marié avec une femme charmante
» pour la complaisance & la beauté,
» je l'aimois uniquement. La Vertu
» & le plaisir sans remords rendent
» une jouïssance parfaite ; il est vrai
» qu'un si grand bonheur ne peut
» être de durée. Que croyez-vous

» que cette charmante m'a fait ? Co-
» cu, mon Ami. Je m'arrêtai pour
» le regarder, mais lui sans s'émou-
» voir me dit : Oüi, Monsieur,
» Cocu; écrivez donc, Monsieur,
» ce ne sont point là des chansons,
» rien n'est plus vrai, Cocu, Mon-
» sieur. J'écrivis, alors il poursui-
» vit : Venez au plutôt, mon cher
» Ami, boire avec moi, je loge à
» la Grande Pinte ; il suffit, je vous
» embrasse. Je suis, &c. » Il me paya
très-bien & s'en alla.

J'étois si occupé de mon opération & si frappé de la rencontre d'un Co-cu, qui convenoit de son état, que je n'avois pas pris garde qu'il y avoit cinq ou six témoins de la dictée de cette Lettre, qui attendoient leur tour, comme on fait au Péniten-cier, pour avoir audience de moi ; ce fut, il m'en souvient, une jeune fille qui prit la place, elle écrivoit à son Cousin & lui manda à peu près dans ces termes.

» Mon

„ Mon petit Cousin, je voudrois
„ fort que vous fussiez ici pour
„ m'apprendre bien des choses que
„ je ne veux savoir que de vous ;
„ mon pere a battu ma mere, je
„ n'y étois pas dans ce tems-là,
„ elle venoit de m'envoyer à la
„ petite Ruë, pour assortir un
„ échantillon ; il avoit trouvé la
„ porte fermée en-dedans avec les
„ veroüils, tandis qu'un Monsieur
„ d'Angleterre étoit enfermé avec
„ ma mere ; tout ce que j'en sçai,
„ c'est qu'il l'a bien battuë. J'ai
„ demandé à la petite Catin notre
„ bonne amie, si elle ne savoit
„ point ce que cela vouloit dire ;
„ elle m'a répondu que sa mere
„ avoit dit devant elle à la Frui-
„ tiére, que mon pere étoit Cocu.
„ Elle n'a pû m'en apprendre da-
„ vantage ; vous savez ce que c'est
„ sans doute, & peut-être mieux
„ qu'un autre ; si cela est, je vous
„ prie de me l'apprendre. En at-

,, tendant votre réponse, je vous
,, dirai que cela me semble bien
,, fâcheux, car mon pere est triste,
,, & ma mere n'est pas guaye.
,, Adieu, mon petit Cousin, se-
,, rez-vous long-tems sans revenir
,, &c. Je suis, &c.

Dans le nombre de ceux qui attendoient, un jeune homme assez bien mis prit la place & me dicta une Lettre sur le malheur du Mariage, apprenant à un de ses parens qu'il étoit Cocu : Oüi, vous l'êtes, appuyoit-il, en frappant sur mon Bureau, j'en suis au désespoir, continua-t'il, mais il faut que ce malheur ne soit pas si triste, car tout le monde en rit & se mocque de vous, &c.

Ce jour-là, j'écrivis plus de douze Lettres sur le même sujet, sans avoir aucun soupçon, & je me sentis même consolé intérieurement de voir que tant de gens éprouvoient le même sort que moi ; mais cette sécurité ne fut pas de longue durée : un de mes Voisins me dit le lendemain à mon retour de dîner, que le Facteur lui avoit laissé un gros paquet à mon adresse ; je fus de plus obligé de lui payer huit sols. Je l'ouvris avec empressement & j'y trouvai quatre des plus fortes Lettres que j'eusse écrites la veille sur le malheur des gens mariés ; sans doute que le Facteur étoit d'intelligence, ou que le Voisin voulut se rembourser avec usure d'une Lettre que peut-être il m'avoit fait dicter.

Ce fut alors que je me rappellai la foule qui avoit été la veille à mon Bureau, les apostrophes qu'on m'avoit adressées, les rires que j'avois attribué à d'autres objets & que les témoins n'avoient cependant lâchés qu'à proportion du plus ou du moins de répugnance, de grimaces, & de marques d'étonement que j'avois témoignées à de certains mots qu'on m'avoit dictés & qui, malgré ma bonne-foi, m'avoient toujours coûté à écrire. Ce n'en fut point assez pour me désespérer, j'entendis tout ce jour-là faire autour de moi la lecture des autres Lettres que j'avois écrit & qui ne m'avoient point été renvoyées : j'ai toujours eu l'honneur en recommandation, ainsi tout piqué que je fusse d'avoir été le jouet & la dupe de mes perfides Voisins, convaincu d'ailleurs que les hommes aiment à troubler la tranquillité de ceux qui sont assez heureux pour la rencontrer, comme un homme sage & qui n'a jamais aimé le bruit, sans rien dire, je quittai le Tonneau, la Profession, le Public, & j'abandonnai si bien le Quartier, que personne ne peut dire m'avoir vû depuis ce tems, passer seulement sous les Charniers, & je crois qu'on ne me blâmera point d'une telle modération.

La médiocrité de mes emplois ne m'avoit pas rendu jusques-là difficile à nourir, ainsi une des mes pratiques, pour laquelle j'avois écrit quelques bagatelles, me proposa la charge de Sécrétaire d'un Auteur ; elle étoit, il est vrai, sans appointemens, mais on promettoit un lit & le couvert : on faisoit espérer de devenir un jour Sécrétaire d'un Duc, par le crédit qu'on étoit assuré d'employer au bout d'un certain tems : on faisoit envisager quelques profits, légers à la vérité ; mais sur tout on appuyoit sur les heures qu'on abandonnoit généreusement au Sécrétaire, pour travailler pour son compte & gagner sa nourriture. J'acceptai cet emploi sans peine, bien aise d'avoir un état & voulant d'ailleurs me former l'esprit ; je mettois au net les Ouvrages de mon Maître, & je faisois ses extraits, ou plûtôt de longues copies fort exactes de plusieurs Ouvrages imprimés que des amis nous prétoient, par ce moyen l'Auteur n'avoit plus que les coutures à faire pour donner un Volume ou des Brochures suivant les circonstances : il est vrai que les Titres nous embarassoient assez souvent, mais je dois rendre justice à mon Maître, ce grand homme imagina un moyen surnaturel qui nous tira parfaitement d'affaire, ce fut de donner à nos productions un Titre mâle, si la femelle avoit parû avec succès, & femelle quand le mâle avoit été brillant. Par exemple les Mémoires de la Marquise suivoient promptement ceux du Marquis ; la Comtesse ne se faisoit pas attendre long-tems après le Comte. Loüant un jour ce grand homme sur la beauté de son idée, après s'en être applaudi quelque tems, je me souviens qu'il me dit : Je ne dois point cette utile invention au hazard, la seule connoissance du monde & les réflexions me l'ont suggéré; dans le fond, continua-t'il, le Public est bon homme, il est principalement composé de gens qui par rapport à la Librairie veulent lire tout ce qui paroît; il en est d'autres qui veulent tout avoir : ainsi pour peu que le Titre fasse une liaison, ou qu'il indique une espéce de suite, ils veulent avoir l'Ouvrage, n'importe ce qu'il renferme, le Livre est acheté, par bonheur encore, ajouta-t'il, ce sont les gens riches qui pensent de cette façon.

Ebloüi du succès d'une telle idée, j'imaginai à la suite de l'imagination de mon Maître de faire une Comédie, car c'est la folie de tous ceux qui commencent & l'écueil des plus consommés, dit un Auteur, dont j'ai oublié le nom.

Après avoir long-tems refléchi je résolus de l'intituler *Crispine Médecine*, mais la nécessité ne permettant pas de perdre de tems, je voulus sçavoir avant de me mettre sérieusement à l'ouvrage, ce qu'on penseroit de mon Tître, & si on le trouveroit aussi brillant qu'il me le paroissoit; pour cet effet je fis connoissance avec un de ces Messieurs qui préparent le Théâtre & qui se trouvent à toutes les représentations, & je le priai de proposer mon idée, il y consentit pour une légere rétribution, & me rapporta que ma proposition avoit fait rire tout le monde; cette nouvelle me fit très-bien augurer pour la Piéce & pour mes talens comiques, je le priai de faire une nouvelle proposition plus étenduë, que j'accompagnai d'un mémoire qui prouvoit l'avantage immense que la Comédie pouvoit retirer de mon projet, puisqu'elle donnoit un moyen certain de doubler leurs richesses, j'eus le malheur de ne pouvoir rien obtenir, cependant mon secret à déja servi à plusieurs Auteurs, & servira vraisemblablement dans la suite, mais le malheur est fait pour me poursuivre.

Dans le fort de nos Ouvrages & dans la chaleur de nos copies mon Maître fut prié d'un grand diné & mourût d'une indigestion ; il y a si peu de tems que j'ai eu le malheur de le perdre que j'en suis encore affligé, il ne m'a cependant laissé que ses talens, ses moyens & les connoissances de plusieurs Libraires & Colporteurs, tous attachés *à la petite Hollande*: Le pauvre homme n'avoit point d'autre propriété, pouvoit-il reconnoître autrement l'attachement que j'avois pour lui ? Par bonheur encore il ne faut point de Notaires pour de tels Testamens & c'est au moins des frais épargnés. Au reste si je n'avois connu que lui, sa profession ne m'auroit point tenté ; mais sans recourir à l'Histoire pour rappeller les Auteurs des Pays étrangers, anciens ou nouveaux, qu'on assure être morts revêtus d'honneurs & comblés de richesses, n'en voyons-nous pas à présent dans Paris qui roulent Carosse, qui sont revêtus d'Ordres, honorés de Charges, qui ont des procès, & qui sont enfin reçus par-tout dans le beau monde, où ils font la pluïe & le beau tems? Ces exemples me déterminérent à tenter l'avanture, & à me présenter dans une si noble carriére, avant de prendre absolument parti avec ces mêmes Colporteurs, qui ont si généreusement reçu mon Avertissement. Leur Profession, selon mes réflexions, ne me pouvoit jamais manquer, & c'étoit une ressource assurée ; car ce fut ainsi que je raisonnai : il me parut, sans faire trop d'efforts de calcul, que si je vendois mes propres Ouvrages, je mangerois à deux râteliers, & que je devois par conséquent me faire Auteur & Colporteur, à l'exemple de quelques-uns de mes Confreres, qui cependant sont bien établis. Enfin je ne doutai point que le moyen distingué ne me fît retrouver d'un côté ce que je pourrois perdre de l'autre; ainsi pour profiter de mes talens & me faire un nom, j'ai commencé par composer très-promptement un si joli Ouvrage, qu'il a été généralement applaudi, quoique je n'en aye fait la lecture, qu'à un très-petit nombre de personnes; & c'est celui que j'ai réclamé avec tant de raison, avant de conter l'Histoire de ma vie, comme un vol qui crie & qui criera toujours vengeance; en effet, j'avois lieu de tout en attendre, argent, crédit, protection, considération, secours enfin de toutes les espéces. Ma destinée me lie au pavé le plus intime, & ne veut pas m'en séparer; car enfin ce bel Ouvrage m'a été volé, & les Colporteurs sont accablés de miséres

& d'infortunes. Et pourquoi ? Le Ciel est-il donc sans justice ? Que vais-je devenir, moi qui vous parle ? Quel état nouveau puis-je embrasser ? Quelle Profession convient à un homme d'honneur & de mon mérite ? Où sont les Protecteurs des Gens de Lettres ? On m'a promis quatre livres dix sols & un Exemplaire des Colporteurs pour cet Abregé de ma Vie, que je compte bien donner encore & plus au long, avant même qu'elle soit finie ; en conscience ce petit Morceau est-il payé ce qu'il mérite ? je vous en fais Juges ; encore l'argent n'est pas comptant, & l'exemplaire ne peut être si-tôt délivré : cependant où dînerai-je ce soir ?

*

MEMOIRES
DE
L'ACADEMIE
DES
PORTEURS

De l'Imprimerie
De l'Academie.

LETTRE
DE JEAN LONCUART
A M. D. L. B.

Vous n'exigez de moi, Monsieur, pour prix de toutes vos bontés, qu'un récit exact des principales circonstances de ma Vie; je me les rappelle continuellement, & ma plus grande consolation est de pouvoir les écrire à quelqu'un qui daigne y prendre part.

Mon pere étoit un des forts de la Halle, que ses Camarades appelloient par dérision M. le Controlleur général, parce qu'il ne trouvoit jamais rien de bien que ce qu'il faisoit lui-même. Ma mere au contraire, qui étoit Revendeuse à la toilette, & amie de tout le monde, ne trouvoit personne qui ne fît mieux que son mari, ce qui occasionnoit souvent des tracasseries dans le ménage, sur-tout les soirs, parce qu'elle vredoit toute la journée, & que mon pere bûvoit d'autant. A l'âge de sept ou huit ans, je tenois des deux, j'aimois à vreder & à boire le petit coup, & je n'aurois déja rien valu, si mon Parain, qui n'avoit pas attendu que je fusse venu au monde pour prendre soin de moi, ne m'avoit mis à l'Ecole & assujetti à lui rendre compte de tout ce que je faisois : c'étoit un Exempt, qui avoit naturellement le verbe haut, qui m'apprenoit à faire des phrases, & qui, pour m'accoutumer à lire plus distinctement, vouloit qu'on m'entendît de toute la maison ; j'en contractai l'habitude au point que ce fut ce qui détermina ma vocation à être Colporteur. Mon Parain m'en fit avoir la Pancarte, la Médaille, la petite Malle, & tout l'attirail ; il y joignit pour fonds de Boutique, un nombre d'Edits, Déclarations & Arrêts qui ne lui coûtoient guéres que la peine de les demander ou de les prendre, & avec cela il crut avoir suffisamment pourvû à mon Etablissement ; je le croyois aussi, mais je fus bien-tôt détrompé. J'avois beau me quarrer dans les ruës, annoncer à pleine bouche le Titre, quelquefois même le contenu de tout ce que je portois, j'étois entouré de beaucoup de monde, & personne ne m'achetoit rien. Un jour que j'en marquois mon étonnement à une espéce de Badaud que je voyois souvent à ma suite ; comment Diable veux-tu, me dit-il, que l'on t'achete quelque chose, tu expliques tout si bien, qu'après t'avoir entendu on n'en a plus affaire ; tes Confreres vendent, parce qu'ils brâillent sans rien dire, & qu'ils ne permettent seulement pas que l'on jette les yeux sur leurs Chiffons, de peur que cela ne suffise.

Je fus frappé de sa réponse, je rougis de n'avoir pas fait cette découverte par moi-même, & plus encore de la devoir à un Animal, qui sembloit ne m'avoir tant suivi que pour se mocquer de moi : je profitai donc de l'avis, j'examinai l'allure de mes Confreres qui vendoient le plus, je remarquai qu'effectivement ils ne disoient que ce qui pouvoit exciter la curiosité, & nullement la satisfaire : *Arrest du Conseil d'Etat du Roi pour les Monnoyes* ; *Nouveau Réglement pour les Enfans Mineurs* ; *Les Mariages clandestins* ; *Les Testamens*, & ainsi du reste. Je résolus de les imiter, & je m'en trouvai bien ; je voulus ensuite les surpasser, & je m'y pris d'une maniére qui me réüssit encore assez : j'ajoûtois de tems à autre à ce que j'annonçois, des gestes & des virgules, j'y transposois ou corrompois, comme par bêtise, certains mots, qui un peu défigurés,

défigurés, me paroiſſoient former une plaiſanterie propre à amuſer le peuple, que je regardois comme ma meilleure pratique. Ainſi, au lieu de dire, *Déclaration du Roi concernant les Gens d'affaires*, je diſois *conſternant* : ſi c'étoit une Sentence & Condamnation de mort *contre* des Voleurs ou Aſſaſſins, je diſois *en faveur*. Je vendis un jour plus de ſix cens Exemplaires d'une Piéce de Vers ſur le Mariage de M. le P. de * * * en criant à tuë-tête, *Epître à l'Ame*, & quelquefois *Epître à l'Aſne* de M. au lieu d'*Epithalame*.

Toutes ces gentilleſſes, qui pouvoient mériter correction juſqu'à un certain point, ne m'en attirérent aucune, & la choſe du monde la plus innocente penſa me perdre. Un Jeudi matin que j'allois prendre la Liſte des Prédicateurs, qu'on nous avoit promiſe pour ce jour-là, je trouvai à l'entrée de

L

la ruë de notre Libraire, un homme qui en tenoit un assez gros paquet; je lui dis : Quoi, Monsieur, vous en avez déja ? Oüi, me répondit-il, & vous iriez en chercher inutilement, car j'ai pris tout ce qu'il y avoit de tiré; mais si vous voulez que je vous en céde la moitié au prix coûtant, je le ferai de tout mon cœur, je vous indiquerai même un Quartier où bien des gens m'en ont demandé, & où vous en vendrez beaucoup en y arrivant le premier, comme cela ne sauroit manquer, si vous ne vous arrêtez pas. Le prendre au mot, le remercier & le payer, ne fut pas l'affaire d'une minute ; je cours, & ne commence à crier qu'à l'entrée de la ruë des R..... qu'il m'avoit particuliérement marquée. Le Portier d'une assez grande Maison m'appelle aussi-tôt, & me dit : Montez, Madame est levée, vous lui en vendrez beaucoup, elle se fait un plaifit d'en avoir des premiéres, elle va en envoyer de toutes fraîches à ses Amies, pour les réveiller, si elles dorment encore ; Dieu sçait, ajouta-t'il, la belle assemblée qu'il y aura ici tantôt ! Comme on s'arrangera pour se mener alternativement, aujourd'hui à Saint Roch, le sur-lendemain aux Innocens ou à Saint Eustache ; c'est vraiment Madame qui décide, qui connoît les bonnes Piéces de chacun de ces Messieurs, & qui leur dameroit à tous le pion. . . . . Ce Bavard, qui m'avoit d'abord pressé de monter, m'auroit retenu encore longtems, si sa Maîtresse qui m'avoit entendu n'avoit envoyé fort vîte un Laquais, dans la crainte qu'on ne m'eût laissé passer, & que quelques personnes du voisinage n'eussent des Listes avant elle. Le Portier reconnut sa faute, il se hâta de siffler, & en montant je l'entendis qui disoit : Bon ! j'aurai l'ouverture des conférences, & me voilà sûr d'un beau sermon, quand elle sortira pour aller à la Messe. J'arrive, on m'introduit dans la Chambre, Madame me dit de ne pas m'impatienter, qu'il faut que je reste jusqu'à ce que ces paquets soient portés à leur adresse, afin qu'on n'en ait pas d'ailleurs, qu'elle saura bien me dédommager du retard : elle écrit rapidement les noms, elle trouve qu'il n'y a pas assez de gens dans la maison pour faire les messages, quoique la plûpart soient dans le Quartier. Déja le Cocher & un Laquais étoient partis, quand une des Femmes de Madame qui lisoit en son particulier fit un grand cri, & tomba comme évanoüie sur son sopha, en s'écriant, ah, Madame! On va à elle, & tout le signe de vie qu'elle donne, c'est de mettre le doigt au bas du papier, qu'elle tenoit encore : Madame le prend, le lit, sur le champ donne ordre qu'on ferme les portes & qu'on aille chercher le Commissaire, qui n'étoit qu'à deux pas. Il arrive, elle lui rend plainte, & moi qui ne savois dequoi il s'agissoit, qui d'ailleurs n'avois à cet égard rien sur ma conscience, je suis fort étonné d'être interrogé comme un Criminel accusé d'avoir fait imprimer un Placard contre l'honneur de Madame, de l'être venu débiter dans son Quartier, & jusques dans sa Maison, pour l'insulter plus cruellement. Je crus n'avoir qu'à rendre compte de ce qui m'étoit arrivé, dans la plus simple vérité; le Commissaire griffonne, & paroît à chaque instant me trouver plus coupable: enfin, après avoir verbalisé une bonne demie heure & m'avoir déposé sous la clef dans une chambre que je n'étois ni en état ni en volonté de forcer, on lui améne un carosse de place, avec lequel étant allé d'abord chez l'Imprimeur, & de-là chez le Magistrat, il revient avec un ordre pour me conduire sous bonne & sûre garde à Bicestre, où je restai au pain & à l'eau depuis le Jeudi d'avant le premier Dimanche de l'Avent, jusqu'au lendemain de Quasimodo, sans pouvoir donner de mes nouvelles, ni en recevoir aucune de mes parens, ni de mon Parain ; tant l'Etoile & les ressources d'une Devote accreditée sont au-dessus de celles de l'Exempt le plus mâdré.

Je donnerois bien en cent à déviner ce qui avoit si fort échauffé la bonne Dame, ce qui avoit fait pâmer sa Suivante, & qui m'attiroit un si rude châtiment ; le voici. Madame de P.... que je n'avois jamais vûë, & qui m'apprit si bien à la connoître, étoit une *Virtuose* d'un caractère singulier ; parleuse impitoyable, qui plus occupée, ce semble, du salut de son prochain, que du sien propre, ne tarissoit point sur le Blanc, le Rouge, les Mouches, les Mantelets, sur les Spectacles, les Bals, & tous les usages du monde; elle étoit charmée de trouver ses Domestiques en faute; ils prétendoient même qu'elle faisoit l'aumône à cette intention, parce qu'elle en tiroit l'avantage de les sermoner pendant huit jours, à moins que quelque nouveauté d'éclat n'interrompît l'octave; & alors, disoit un de ses gens, sa langue alloit comme le moulin des Feuillantines sur un torrent d'Eau-benite. Quelqu'un qui vouloit sans doute lui faire sentir le ridicule, & peut-être la guérir de ce flux continuel de morale qui la rendoit insupportable, s'avisa de faire imprimer furtivement cette malheureuse Liste dont je fus embâté, sans y soupçonner la moindre upercherie, car à l'extérieur elle ressembloit fort aux Listes ordinaires, & toute la différence consistoit en ce qu'à la suite du nom des Prédicateurs & de celui des Eglises qui leur étoient assignées, du jour & des heures auxquelles chacun d'eux prêchoit, on avoit mis, *& Madame de P..... toute l'année, du matin au soir, dans sa Maison, rue des R.... S. F. G.*

Au sortir de Bicestre, mon Parain me consola de son mieux, il m'apprit que je n'avois plus que lui de pere, il me fit quitter le Colportage des Rues & passer à celui des Ruelles, pour lequel il m'endoctrina à ravir, & me remit des fonds de toute autre importance que les premiers. Nous partagions le profit en trois portions égales; l'une pour lui qui trouvoit le moyen de s'approprier une partie des Brochures que souvent il saisissoit lui-même, & qui n'en devenoient que plus recherchées : l'autre pour un Drôle, ambigu de Moine & d'Abbé, qui avoit souverainement l'art de tirer des successions & des inventaires, des Ouvrages qui sans lui n'auroient jamais vû le jour; & la troisiéme pour moi, qui avois grande peine à grapiller sur eux la plus petite bagatelle, tant ils étoient retors! Nous tirâmes grand parti du *Banquet de Platon*, avec la Clef & le Passe-partout des *Instructions de Madame L. M. D. L. à sa Fille*, & de quantité d'autres dont l'énumération pourroit vous fatiguer. Puisque l'Histoire de ma Vie & de mon Etat est tout ce que vous me demandez, j'en vais reprendre le fil jusqu'à mes derniers malheurs, dont vous êtes assez instruit pour me dispenser de vous en renouveller le détail.

Mon pauvre pere d'Exempt eut une attaque d'apoplexie qui dégénera en paralysie & le conduisit au tombeau dans le courant de l'année, après avoir aussi exactement consommé les fruits de son patrimoine ou de son industrie, que s'il avoit travaillé toute sa vie à ce calcul.

Dans les intervalles de sa maladie, qui me coûtoit presqu'autant qu'à lui, je tentai plusieurs fois de l'engager à me mettre en relation directe avec son homme ; il ne pouvoit pas douter que je ne le connusse, puisque nous en parlions quelquefois sans détour; mais nous étions convenus que je ferois toujours semblant de ne le point connoître, & que j'éviterois même de le voir sous quelque prétexte que ce pût être, tant qu'il ne le jugeroit pas à propos. Il ne vouloit jamais y consentir, prétendant que c'étoit pour mon propre bien: » Dé-
» ja, me disoit-il, il se réjoüit au
» fond de son ame de l'état où il me
» voit, parce qu'on n'est véritable-
» ment assuré de la discrétion de
» ses Témoins ou de ses Compli-
» ces, que lorsqu'ils ne sont plus:

» Quoique dans mes beaux jours
» je n'eusse pas moins d'expérience
» & de manége qu'il peut en avoir,
» & que nous fussions lui & moi
» comme *Didot vis-à-vis Chaubert*,
» vingt fois j'ai pensé donner dans
» les piéges qu'il m'a tendus, ju-
» gez de la facilité avec laquelle il
» vous perdroit ; & Dieu sçait si
» pour l'entreprendre il a besoin
» d'autre motif que celui de notre
» liaison personnelle, car, ne vous
» trompez pas, il vous connoît
» aussi bien que vous le connois-
» sez, & la circonspection dont il
» use à votre égard lui est encore
» plus à charge qu'à vous. »

J'aurois dû croire un homme mourant qui me parloit de l'abondance du cœur & qui voyoit plus loin que moi, mais je m'imaginai qu'il ne combattoit mon projet que pour m'ôter la connoissance de mille choses qui s'étoient passées entr'eux ; c'étoit précisément augmenter l'envie que j'avois de le suivre, & comme il me restoit d'ailleurs peu de ressources, celle-là me paroissoit unique.

Ma mere n'avoit pas attendu pour prendre son parti, que le sort de son ami fut absolument décidé : dès qu'elle l'avoit vu tomber en paralysie, elle avoit fait sa petite pacotille dans le plus grand *incognito*, & elle étoit passée en Angleterre à la suitte d'une jeune Dame qui aloit y pousser des soupirs sterlings: mais le vent lui fut toujours contraire, même après son arrivée ; car s'étant trouvée engagée dans la bagarre d'un combat de Taureaux, elle fut si outrageusement mordue d'un vieux dogue, que dans les quarante jours elle mourut de la plus fine rage que l'on connoisse en ce pays-là.

Tous ces contretems me portérent à ne pas differer la visite de l'Abbé ; j'eus bien de la peine à parvenir jusqu'à lui, & plus encore à lui rappeller le souvenir de mon pauvre parrain. Quelques renseignemens que je lui donnasse, à peine convenoit-il qu'il l'avoit connu de vûë, & qu'il se le remettoit un peu. Il me fit cent questions étrangéres à mon objet, & plus je tâchois de l'y ramener, plus il s'en écartoit ; de sorte que le voyant boutonné par-dessus le menton, je lui tirai ma révérence, & partis. Son valet qui d'un petit réduit fermé d'une simple cloison, avoit entendu toute notre conversation, me joignit sur l'escalier, me dit qu'il ne falloit pas me rebuter, que son maître aimoit à connoître son monde avant que de s'y livrer ; qu'il lui parleroit de moi d'une maniére convenable, & qu'en attendant nous ferions ensemble, si je le voulois, une petite société où je trouverois mon compte. Il me proposa d'entrée de jeu des *Tanzaï*, des *Sopha*, des *Portiers*, qui n'étoient pas chers, il ajouta qu'il savoit bien qu'on faisoit communément de la terre le fossé, mais que je ne devois pas être étonné si dans un premier marché il ne me livroit rien sans argent, ou sûreté équivalente; je lui remis une fort jolie montre d'or, qui avec une tabatiére ciselée de même métail, étoient les seules choses que j'eusse eues de mon Parrain, lorsqu'il fut obligé d'avoir eu recours à moi pour subvenir aux frais de sa maladie.

Je débitai fort bien ma marchandise, mais malheureusement elle me porta à la tête; les Cuisiniers mettent assez volontiers le doigt dans leurs sauces, je m'avisai de vouloir aussi mettre le nez dans mes Livres, & je m'en occupai d'une maniére que je savois mon Portier par cœur. Etant allé sur les onze heures chez une petite veuve, à qui la veille j'en avois laissé un à crédit, je la trouvai encore au lit, où, de son propre aveu elle le lisoit pour la troisiéme fois, les yeux pleins de feu, & le corps agité comme une personne qui recorde ses danses. Parbleu, Madame, lui dis-je, si vous le prenez sur ce ton là, bientôt vous le saurez par cœur comme moi, & puis quand vous n'en aurez plus affaire vous me le rendrez tout fripé. Tu te trompes, me dit-elle, mon pauvre enfant, ces sortes de Livres ne s'achevent jamais, parce qu'on les recommence toujours: mais est-il bien vrai que tu le sache par cœur ? Eh oui, de par tous les Diables, lui répondis-je avec impatience, cela n'est que trop vrai, toujours j'y songe, & tant qu'encore en ce moment.... voulez-vous à l'ouverture du livre ? A ce ce dernier trait elle éclata de rire, en s'écriant : Voilà qui est merveilleux, *ce tant qu'encore* me charme, & tout ce qui m'étonne c'est que tu ne t'empresses pas d'en donner une nouvelle Edition avec un commentaire, j'y trouve plus d'un endroit qui en auroit besoin, & qui certainement feroit grand plaisir. Vous me la baillez belle, repliquai-je tout de suite, avec votre commentaire, comme si je pouvois le faire tout seul. Je crois, par ma foi, ajouta-t'elle, que tu as raison, & qu'à nous deux nous en ferions un qui ne seroit pas mauvais. La parole vaut le jeu, & sans plus de discours nous nous mîmes à l'ouvrage, & nous y allâmes si grand train, qu'il sembloit que nous voulions porter ce misérable in-12 à la dignité du plus grand in-folio.

Ainsi au lieu de suivre ardemment le cours de la vente qui m'étoit favorable, je l'abandonnai totalement pendant près de quinze jours que je passai dans l'yvresse de ma bonne fortune; & comme on dit que si le Palfernier de la Reine en devenoit amoureux,

amoureux, il y mangeroit son Etrille, je voulus m'habiller plus proprement que je ne l'étois, & je ne reconnus ma sottise qu'après avoir consommé non seulement tout mon gain, mais encore une partie considérable du prix que je devois rendre des Livres qu'on m'avoit fourni sur un gage que j'avois extrêmement à cœur de retirer. Une autre circonstance qui acheva de m'ouvrir les yeux, c'est que la petite Dame non contente de l'Exemplaire que je lui avois donné, m'en demanda successivement quatre autres, non pour de ses amies, comme elle disoit, mais pour des amis que je m'apperçus qui gâtoient mon Commentaire, & c'est à ces Survenans que dans la suite j'ai attribué sans hésiter le faux germe *de la Tourrière des Carmélites.*

Je me retirai sans peine de cette belle enfilade, & me promis bien d'être plus circonspect à l'avenir ;

M

tout mon embarras étoit d'avoir de la nouvelle marchandise, sans porter ce que je devois sur la premiére, j'en fis la tentative, & mon homme toujours courtois en apparence, se retrancha à me dire bonnement qu'il se pouvoit bien faire que la montre que je lui avois laissée valût beaucoup plus que le premier lot de Livres qu'il m'avoit remis, mais que comme il ne s'y connoissoit pas, je ne risquois rien, si je voulois avoir un second lot, à lui confier de même ma tabatiére, puisqu'il me rendroit le tout en soldant nos comptes. Il fallut en passer par-là.

Ce nouveau courretage ne fut pas à beaucoup près aussi avantageux que le premier; & comme Guignon ne va jamais sans son compagnon, il m'arriva que dans une maison où j'avois déja été deux fois, je trouvai une espéce d'Aigrefin de Robe, qui me parut très au fait de la valeur intrinséque de toute cette *Canelle* ou *Moruë*, comme il l'appelloit indifféremment; il me mésoffrit beaucoup, je fus piqué, il s'emporta, & ordonna si précisément d'aller chercher le Commissaire pour me faire arrêter, que je fus trop heureux de m'échaper, laissant généralement tout ce que j'avois apporté. Pour hâter ma fuite, on fit semblant de courir après moi, on jetta même dans la Cour un ou deux de mes Volumes, que je n'eus garde de ramasser, & qui vrai-semblablement ne furent pas perdus.

Comme j'avois quelque idée d'avoir vû ce Robin de Libraire chez M. l'Abbé, j'y allai tout de suite; le Valet n'y étoit plus; une petite Vieille qui gardoit l'antichambre, me dit qu'il avoit été chassé le matin avec grand fracas, parce qu'on l'accusoit de faire commerce de mauvais Livres, & que Monsieur en étoit dans une si grande colére, qu'il avoit défendu sa porte pour toute la journée ; ensuite voyant la surprise & la douleur peintes sur mon visage, elle me serra la main & s'approchant de moi, elle me dit dans le tuyau de l'oreille : Ne croyez rien de tout cela, le pauvre garçon est allé s'établir en Franche-Comté, où Monsieur lui a fait donner une bonne petite Commission ; il y a plus de huit jours que je le sçai, & c'est moi qui lui ai aidé à faire ses paquets ; mais il faut pour la frime faire semblant de croire ce que Monsieur l'Abbé souhaite, & vous y avez plus d'intérêt qu'un autre, car si je ne me trompe, vous êtes impliqué dans la manigance, allez vous-en, & ne me le décelez pas.

Je commençai, mais trop tard, à sentir la vérité de tout ce qu'on m'avoit prédit ; la seule envie de retirer mes Bijoux, qui valoient quatre fois plus que ce que j'avois reçu, m'engagea à revenir le surlendemain. A la place de la petite Vieille, je trouvai un nouveau Valet renfrogné, qui après m'avoir bien confidéré de la tête aux pieds, m'annonça & me fit entrer au bout d'un gros quart d'heure que fon maître fonna. M. l'Abbé, fans me donner le tems d'ouvrir la bouche, me dit en levant les yeux au Ciel! Mon Ami! Je tremble du danger que vous courez en venant ici, il y a un decret contre vous & contre ce coquin de Valet que vous m'avez débauché, & que j'ai été obligé de renvoyer; on vous cherche tous deux, je vous en avertis charitablement, & que fi vous revenez jamais ici, je ferai le premier à vous faire mettre dans un cul de baffe-foffe. Je voulus me juftifier, il éleva la voix; je me rabattis du ton le plus humble fur l'article de mes Bijoux. Malheureux, me dit il, en me pouffant dehors par les épaules, ne ferois-tu point encore un receleur de Bijoux volés, comme tu es un vendeur de Livres défendus ?

Sorti de chez lui, & livré à mon défefpoir, je fus quelque tems à roder dans Paris fans trop favoir ce que je faifois, ni ce que je voulois faire; enfin, un jour que traverfant par hazard une grande cour, je vis une belle falle où quantité d'honnêtes-gens s'affembloient, je parvins à y entrer, & le premier objet qui me frappa fut M. l'Abbé qui rioit aux Anges, & qui affectant une forte d'impatience de ce qu'on ne commençoit pas, tira fa montre, que je reconnus auffi-tôt pour la mienne, quoiqu'il eût mis un autre cordon. Le moment d'après parut la tabatiére, que j'eus encore moins de peine à reconnoître, parce que pour faire parade de fes nouveaux meubles, il la laif-

Jean Le Renard.

soit sur le Bureau & la faisoit joüer aux Olivettes, à droite & à gauche, sous prétexte d'offrir du tabac à ses voisins. A cet aspect redoublé, je sentis une émotion que je n'aurois peut-être pas été le maître de contenir par-tout ailleurs ; mais quelque attentif que je fusse à la renfermer en moi-même, je crus m'appercevoir qu'elle gagnoit insensiblement mon homme ; il devint sérieux, & regardant de tous côtés, je ne sçai comment il me déterra dans un coin perdu, où ses yeux m'annoncérent quelque chose de plus perfide que tout ce qu'il m'avoit dit dans son Cabinet.

L'Assemblée finie, je m'éclipsai dans la foule, & mon premier soin fut d'aller conter ce qui venoit de m'arriver à une personne déja instruite de ma première avanture ; c'étoit un galant homme, serviable, plein de droiture, & qui attaché depuis long-tems à un Ministre Etranger, avoit mérité toute sa confiance : s'il n'avoit pas été obligé de le suivre, quand il retourna à sa Cour, j'aurois encore en lui un Protecteur digne de vous être comparé. Je l'avois acquis en lui procurant des choses qu'il n'avoit jamais pû trouver, je ne les lui avois point fait valoir, & ç'auroit été mal m'y prendre, parce qu'outre l'attachement que je me sentois pour lui, je le voyois toujours mesurer sa générosité au désintéressement des personnes qui l'approchoient ; & il m'en donna une marque sensible dès les premiers jours de notre connoissance : il voulut savoir quelle étoit ma situation, je la lui exposai avec candeur & dans le plus grand détail. Après qu'il y eut un peu réfléchi, il me dit de revenir dans deux ou trois jours au plus tard ; je n'y retournai qu'à la fin de la semaine, crainte de l'importuner & d'abuser de ſes bontés. Il m'en gronda, parce que dès le lendemain il s'étoit informé, & avoit ſçû à n'en point douter, qu'il n'y avoit jamais eu de plainte juridique, ni aucune procédure faite contre moi, de ſorte que tout ce qu'on m'en avoit dit n'étoit que pour m'intimider. Cependant il me conſeilla fort de faire le ſacrifice de mes Bijoux, dont je n'avois point de reçu, & dont je riſquois beaucoup à former la demande. Quand je vins lui dire que je les avois en quelque ſorte retrouvés, les ayant reconnus entre les mains de M. l'Abbé, il rêva encore un moment, mais il ne changea pas d'opinion.

Vous voilà, me dit-il, en état de reprendre tranquillement un commerce pour lequel vous êtes né, bornez-le à des choſes honnêtes, à des matiéres d'Hiſtoire, de Littérature, ou de ſimple agrément, elles vous fourniront aſſez;

vous ne trouverez plus en votre chemin un Ennemi dangereux, tout content qu'il paroît du butin qu'il a fait sur vous, il n'en jouit pas sans inquiétude, & ses remords font votre sûreté. Qu'il le connoissoit mal ! S'il a eu de l'inquiétude & des remords, ils n'ont servi qu'à augmenter sa haine. Vous savez, & tout Paris sait avec vous, Monsieur, qu'il a été l'ame & le premier mobile de la plus noire trahison que l'on pouvoit faire à quelqu'un de mon état. Aurois-je jamais pû penser que tandis qu'à l'instante priére d'un homme de lettres aussi fameux par sa conduite que par ses Ouvrages, j'étois tout occupé du soin de retirer un Ecrit qu'il croyoit blesser son honneur, & que pour parvenir à cette suppression, j'employois tout ce que j'avois d'amis, de ressources & de crédit, je me serois vû arrêté par lui-même dans sa propre maison,

& précipité dans les horreurs & la misére d'une prison qui ne finit point.

La plus grande consolation que j'y aye reçûë, & que je tiens de vous, a été d'apprendre qu'au milieu de la Bagarre Littéraire que ma détention a causée, mon Ennemi secret s'est décelé lui-même, en voulant prendre le masque de la Vertu, qui n'a jamais pû tenir sur un visage si peu fait pour elle.

Je suis pleinement convaincu de ce que vous ne cessez de me dire, que je dois me soumettre avec une parfaite résignation aux ordres de la Providence, qui a permis que je fusse réduit deux fois à la plus honteuse & à la plus dure captivité, pour des choses très-innocentes, après m'avoir laissé joüir de mille douceurs, & d'une espéce de fortune, pendant tout le tems que je m'étois le plus écarté de la régle & du devoir. A Dieu ne plaise que j'ose murmurer contre ses Décrets, qu'elle me permette seulement de protester à la face du Ciel & de la Terre, que je consens à être colporté en Gréve, si de ma vie je redeviens Colporteur, & si je cesse jamais d'être avec la plus vive reconnoissance, M. V.

A Bicestre, le 1. Janvier 1747.

LA MALE-BOSSE,

Nouvelle Nuit de Straparole.

LEs Spectacles finissoient ; on venoit de donner à la Comédie Françoise la première représentation d'une Comédie nouvelle, dont l'Auditoire éploré s'écouloit à grands flots, au moment d'une terrible averse ; l'air retentissoit de la criaillerie scandaleuse des Cochers, du claquement de leurs foüets, & du nom de tous les La-

Catherine Cuisson.

quais du Royaume : des torches à-demi-allumées s'agitant au milieu de ces airs qu'elles empeſtoient, ſembloient repréſenter celles que les Furies du Parnaſſe ſecoüoient, en ce moment, dans le cœur palpitant du Poëte encore incertain de ſon ſort. De jeunes Calotins, graves Arbitres des réputations Littéraires, la plûpart en Rabat & en Manteaux courts, à travers les timons de cent caroſſes ébranlés, franchiſſoient gaillardement le ruiſſeau devenu Riviére, pour voler aux Opinions chez Procope & pour y prononcer ſouverainement ; bref, il pleuvoit très-fort & il étoit huit ou neuf heures du ſoir, quand un Cavalier connu dans le monde ſous le nom de Similor, n'ayant pour tout abri que les aîles de ſon chapeau, & ſerpentant à travers les roües, les goutiéres & les boutiques, fut arrêté par une vieille Racoleuſe de Cithére, au détour de la ruë de Buſſi.

Mon Gentilhomme, lui dit-elle, une jeune brune belle à ravir, chantant comme les Fées, & tout nouvellement enrollée, vous attend à souper chez elle, au coin d'un bon feu & dans la meilleure humeur du monde. Elle demeure ici près, & plus près encore d'un excellent Traiteur. Suivez-moi, vous serez heureux, &, foi de femme d'honneur, vous ne vous en repentirez point.

Similor est un de ces esprits libres au-dessus des préjugés, jusqu'à la déraison ; un de ces êtres pensans qui se piquent de haute philosophie, qui n'admettent nulle corruption dans la nature, & qui sous le prétexte d'un amour passionné pour la vérité, la recherchent indifferemment partout, excepté où elle est, & où sa pure & vive lumiére les éclaireroit sur la vanité de leurs recherches. Ce caractere imprudent qui dans tous les âges maintient un homme *dans l'âge heureux qui mé-*

connoît la crainte, d'ailleurs le froid, la plüie qui redoubloit, & plus que tout cela, le mauvais génie de Similor, l'engagérent pour la premiére fois de sa vie à tenter une pareille avanture. Il se disoit à lui-même, pour sa justification, qu'un homme qui pense ne sauroit trop voir pour trouver dequoi exercer sa raison. Il se jetta donc avec cette femme à la merci d'un Fiacre qui se trouva là sous leurs mains dans la Bagarre, & qui, après trois grands quarts d'heure de juremens & d'embarras, les descendit enfin à un troisiéme étage, au commencement de la rüe de Seine.

La dupe eut à peine un pied dans la chambre, qu'une Mademoiselle Manon très-jolie en effet & assise auprès d'un bon feu très-necessaire à sa vêture legere, se leva & courut à lui les bras ouverts. Il vit un minois, une gorge & des épaules si agréables, que malgré l'horreur du lieu, à peu ne tint qu'il ne se sentît le cœur ému d'une espece de sentiment tendre. Il se le reprocha bien-tôt, & se souvenant qu'il n'etoit là que par curiosité philosophique, il repoussa la fille assez dédaigneusement, & fut s'asseoir dans une chaise longue qui sembloit attendre là le premier venu à la place d'honneur.

Par ma foi ! s'écria-t'il, en homme qui ne s'avisoit guéres de philosopher que relativement à l'intérêt de ses passions, il faut l'avoüer, malgré qu'en ayent les libertins ; les bienséances, la pudeur & la modestie ne sont point des chiméres, elles sont un bien très-réel, & le plus vif assaisonnement que la délicatesse du cœur humain pouvoit mettre à la volupté. Je n'en veux que céci pour preuve. Avec une fois moins de charmes que n'en voilà je le sens bien, le seul sourire obligeant d'une femme comme il faut,

seroit

seroit mille fois plus attrayant pour moi, m'interesseroit mille fois plus qu'une saillie si prévenante.

Par ma foi aussi ! s'écria Manon de son côté, en se remettant à sa place vis-à-vis de lui, voilà bien rentré de piques noires ! Et dis-nous, mon Roi, d'où viens-tu donc pour débiter de si graves sornettes ? Tu sors de la Comédie Françoise, je gage : tiens, tiens, si tu aimes tant les moralités, les maximes & les sentences, prends-moi cet écran & t'en donne à ton aise, tu en trouveras-là & de meilleures & de plus naïves qu'à aucunes des Piéces d'aujourd'hui.

Pauvre Malheureuse, lui dit Similor, un peu surpris de cette jolie vivacité, tu me fais vraîment pitié ! A ta physionomie & à l'esprit que tu montres, tu pouvois bien mériter un meilleur sort que le tien : mais laissons cela, prends ces deux Loüis, dit-il, en les jettant sur une table, & donné ordre seulement au soupé ; après quoi, bois, mange ris, chante, extravague, à la bonne heure, mais laisse-moi moraliser ici tant qu'il me plaira, & que chacun fasse son métier.

Eh pourquoi, Monsieur, répondit-elle froidement, aurois-je plus perdu que vous le droit & le don de moraliser ? Est-ce à titre de sage que vous vous en réservez le privilége exclusif ? Ah ! je vous en fais juge ? Qui de nous deux l'est ici le moins ? ou vous qui m'y venez chercher de propos délibéré, ou moi qui m'y trouve à contre-cœur ? A ces mots, elle tourna la tête d'un autre côté, poussa un soupir, & se tut.

L'apostrophe étoit sensée, & ne laissa pas que de déconcerter l'Etre pensant : le sombre silence & le mauvais maintien s'emparoient de la scéne, & l'argent restoit sans maître, si la Dame du logis ne l'eût pris pour donner ses ordres; ils furent exécutés diligemment, en peu de tems le soupé fut prêt & servi, sans que cependant il se fût rien passé au coin de la cheminée que de très-sérieux, & qui ne permette à l'imagination du plus honnête lecteur de suivre la mienne & de se transporter pour un instant sur les lieux.

Similor avoit déguisé ce moment d'embarras sous un faux air de rêverie & de distraction : l'air mortifié de Manon, le peu qu'elle avoit dit, & son silence, lui inspiroient pour elle une sorte de considération momentanée; la Vieille remêla les cartes fort à propos, & ranima le jeu par des discours un peu plus de saison, qui secondés de la bonne chere & du vin, remirent insensiblement les choses dans une position plus vive & plus naturelle. Similor devint plus liant, Manon plus guaye, il se dit quelques folies; on la pria de chanter, & quoiqu'elle se sentît bien en voix dans ce moment-là, elle ne se fit point redire, elle obéït & choisit ingénieusement cet endroit de l'Opéra d'Armide, Act. 4. Scen. 2.

>Voici la charmante retraite
>De la félicité parfaite ;
>Voici l'heureux séjour
>Des Jeux & de l'Amour.
>Jamais dans ces beaux lieux votre attente n'est vaine ;
>Le bien que vous cherchez se vient offrir à vous ;
>Et pour l'avoir trouvé sans peine,
>Devez-vous le trouver moins doux ?
>Voici la charmante retraite, &c.

Quinaut & Lully en chantant le Palais d'Armide ne se doutoient guéres que leurs chants serviroient un jour à célébrer un troisiéme étage de la ruë de Seine : & voilà comme quelque fois Pégaze innocemment porte une selle à tous chevaux.

Ces paroles animées d'une belle voix, d'une figure aimable & d'un air d'esprit, qu'on devine aisément à la justesse du choix, achevérent enfin de tourner tout de bon Similor du côté des jolies maniéres.

Petite folle, lui dit-il, d'un ton tout-à-fait adouci, tu sais bien que d'emblée ces sortes d'endroits-ci n'inspirent la galanterie qu'à des sots, quelles que soient les Beautés qui s'y rencontrent : oublie de grace & pardonne-moi l'accueil désobligeant que je t'ai fait ; touche-là, soyons amis, & crois que je te regarde à cette heure tout d'un autre œil.

Manon se prêta comme elle devoit à ce petit raccommodement, & son nouvel Ami reprenant la parole, continua ainsi : Tu n'es pas sans avoir lû les Contes de la Fontaine ? Non, Monsieur, répondit Manon : Ni par conséquent celui de la Courtisanne amoureuse? poursuivit-il : Je l'ai présent, dit-elle ; Hé bien, reprit Similor, je veux que tu en profites aussi-bien que moi, je te donne à joüer le rôle de Constance, & je veux bien me charger de celui de Camille. Tu m'entends bien ? Fort bien, repliqua Manon, vous ne vous partagez pas mal ; mais attendez donc que j'aie joüé le rôle de Courtisanne aussi long-tems que Constance, si vous voulez que le vôtre vous fasse autant d'honneur qu'à Camille ; & vous attendriez, je crois, vainement, car franchement je ne m'y sens guéres de dispositions. Je sai trop, ma pauvre enfant, dit Similor, que le plus souvent on ne se choisit point son état, & que celui d'honnête femme & le tien sont quelque fois bien involontaires ; aussi tu as vû comme presque d'abord je t'ai rendu la justice de te croire digne d'un meilleur sort. Oh çà ! conte-moi donc naturellement toute ton Histoire; je suis disposé à te croire, à te plaindre, & à te secourir. Pourquoi ménes-tu la vie que tu ménes? Qu'est-ce qui t'y a réduite? Qu'est-ce qui m'y a réduite, Monsieur, répondit-elle, d'un air touchant, en pouvez-vous douter un instant? Ce qui sans doute y réduit la plûpart de mes pareilles! la profonde misére. Hélas! tu n'auras pas de peine à me le persuader, dit le Philosophe. Qui sait mieux que moi combien la bonne ou mauvaise fortune influë sur les mœurs? que moi, dis-je, qui fais profession de sentir & de penser plus que tout autre! que moi le grand scrutateur du cœur humain! Aussi, vice, vertu, cœur, esprit, crime, innocence, vertueux, coupable, sont mes termes favoris, mes Ecrits publics & familiers; ils sont sans cesse au bout de ma plume & sur le bord de mes lévres; car, Mademoiselle, soit dit en passant, il est bon que

200 MEMOIRES

vous fachiez que vous êtes ici avec quelqu'un que vous avez peut-être cent fois lû & admiré : mais parlons d'autre chofe, ne fongeons qu'à toi, qu'à boire & qu'à nous réjoüir ! A ta fanté, Manon !

La Vieille prit le tems qu'il bûvoit pour faifir fon tour à parler.

La miſére, dit-elle, où nous ſommes, fut fi grande & fi fubite qu'il n'y eut pas moyen de nous en tirer autrement moi ni ma niéce ; car je vous découvre à cette heure le comble de cette miſére, en vous avouant que cette Malheureuſe eſt ma niéce. En difant cela elle fe mit à pleurer d'affez mauvaife grace.

Quelqu'autre qui auroit la rage des defcriptions vous détailleroit fes grimaces & fes contorfions & diroit,

Que fur fon nez fa prunelle éraillée
Verfoit les pleurs dont elle étoit moüillée;
Enf. Prod.

mais je ne dois rien peindre que de

comique ou d'agréable, & ceci ne seroit ni l'un ni l'autre.

Et quel étoit votre état ? demanda Similor : Vraîment, dit la Tante, il étoit bon ; nous nous mêlions d'un négoce qui nous entretenoit honorablement moi, ma niéce donc que vous voyez, & son frere qui est maintenant je ne sçai où, au Diable Vauvert. Et qui vous a fait discontinuer ce bon négoce ? dit Similor : Une persécution la plus opiniâtre du monde, répondit la bonne Tante, des saisies, des amendes, des emprisonnemens.... que sais-je ? Tout ce que vous pouvez vous imaginer de plus ruineux pour des gens de commerce. Dites la vérité, continua Similor, en la pressant, vous vendiez de la contrebande. Mais c'en étoit, si vous voulez, répondit la vieille Babillarde, & ce n'en étoit pourtant pas ; car enfin ce n'étoit ni sel, ni tabac, ni toiles peintes, ni rien qui fît tord à Messieurs les Fermiers généraux ; c'étoient de beaux & bons Livres fabriqués dans le Royaume, bien moulés, & faits comme les autres, & peut-être mieux, excepté seulement qu'il manquoit à ceux que nous vendions un peu de veau par-dessus, & deux ou trois méchantes lignes à la fin qui sont dans les autres, & qu'on ne lit jamais ; & vrai comme il faut mourir un jour, vous m'en croirez, si vous le voulez, je n'y entendois non plus de malice que l'enfant qui vient de naître, car je n'ai jamais sçû ma croix de Pardieu ! En un mot, Monsieur, nous étions de bons Libraires ambulans. Oüi, oüi, je vous entends de reste, dit Similor, prenant un air sérieux qui tenoit de la gravité & même un peu de la sévétité, vous joüiez sur le théâtre de la Librairie des rôles à manteaux, en bon François, vous étiez Colporteurs ? Oüi, Monsieur, dit la pauvre femme, sans prendre garde à la morgue de Similor; mais, comme vous savez, en tous métiers il y en a qui les gâtent & d'autres qui les honorent. Il y a Colporteurs & Colporteurs; nous étions des forts & des mieux achalandés, & je défie bien qu'on me montre un de ces Livres un peu passables vendus depuis quinze ou vingt ans, qui ne soit sorti de nos mains. Je dis donc, Monsieur, que depuis ce tems-là nous nous tirions très-honnêtement d'affaire, moi, ma niéce, & son frere; ah le bon tems sur-tout que c'étoit du vivant de ce gros Abbé qui ne demeuroit pas loin d'ici; un grand Latin dont tout un chacun, je ne sai pourquoi, disoit tant de mal; non pas nous vraîment! Tout au contraire, & devant Dieu soit son Ame, c'étoit le Pere nourricier de tous nous autres, celui-là! Dis donc, ma niéce, t'en souvient-il de ses Lettres Philosophiques, de son Réservatif, & de sa belle Epître à Iranie ? Comme cela se vendoit bien ! Mon Dieu, ma chere Tante, répondit Manon, vous vous trompez, & lourdement, ces Livres-là nous venoient de toute autre main; nous n'en avons jamais vu ni connu l'Auteur, c'étoit un de ses Confidens qui nous les apportoit, & il s'en falloit tout que ce tiers-là ne fût ni si gros ni si gras que M. l'Abbé. Je crois que tu as raison, reprit la Tante ; mais ce qu'il y a de vrai toujours, c'est que ces Livres-là faisoient bien boüillir la timbale ; & plût à Dieu que nous en vendissions toujours de pareils, tu aurois encore ton innocence ! Ce qu'il y a aussi de bien vrai, c'est que le pauvre cher Abbé n'eut pas les yeux fermés, qu'adieu la boutique, il nous la fallut fermer aussi. Nous nous échapions aussi & nous vivotions avec les Nouvelles Ecclésiastiques & d'autrès petits Brinborions, quand il s'est avisé de paroître je ne sai quel maudit Chiffon, (le Diable emporte l'Auteur;) il y avoit quelque chose dedans contre un Monsieur de la Cour qui n'a pas entendu raillerie, & qui dans sa mauvaise humeur s'en est pris à qui n'en pouvoit; mais il a si bien fait donner la chasse au Corps des Colporteurs, que c'est une vraie désolation qui crie vengeance: figurez-vous, Monsieur, que de misére les uns se sont faits soldats, les autres filoux; il y en a que le désespoir a poussés jusqu'à se faire Auteurs : mon neveu continuë le Métier, mais avec des risques qui le mettent sans cesse à deux doigts des galéres. Pour nous qui sommes restées seules, sans savoir où donner de la tête, vous voyez notre état; il falloit vivre item, & dame quand on ne fait pas ce qu'on veut, on fait ce qu'on peut. Voilà toute notre Histoire :

A votre avis, mon cher Monsieur, ne sommes-nous pas bien à plaindre?

Non, sur mon ame, répondit Similor, qui l'avoit ouïe fort impatiemment jusqu'au bout, non certes, vous n'êtes point à plaindre; juste punition d'un Métier dont ont pâti des gens qui valoient mieux que vous sans comparaison, & que vous n'avez jamais plaints, vous subissez la peine du Talion; cela s'appelle vivre à ses dépens, après avoir vécu aux dépens d'autrui; vous viviez du dés-honneur des autres, & vous vivez du vôtre à présent.

Ce retour de mauvaise humeur alloit vraisemblablement rebroüiller Constance & Camille; la Courtisanne amoureuse faisoit déja très-mauvaise mine à son aimable Cavalier, quand la porte s'ouvrant avec grand bruit, un nouvel Objet changea la scéne.

Entre un jeune-homme en assez

mauvais équipage & tout éfaré ; ah ma Tante, s'écria-t'il, en jettant une petite malle sur la table, je viens ma foi de l'échaper belle ; j'étois caché dans un nid à rats au Fauxbourg S. Marceau, on m'y a déterré : les Mouches volent dans le Quartier, & je donnois comme une gruë dans les filets, si un Voisin charitable, comme je rentrois chez moi, ne m'eût couru au-devant pour m'avertir du danger où j'étois : j'ai bien vîte rebroussé chemin, sans quoi je serois à cette heure fort mal à mon aise dans un cul de basse fosse. Ayez la bonté de me donner le couvert, en attendant que je me reconnoisse & que je dépaîse l'Escouade.

Tandis que le jeune-homme parloit, Similor l'examinoit attentivement, & à mesure qu'il l'examinoit, son sourcil se défronçoit de plus en plus ; la sérénité qui renaissoit sur son front paroissoit mêlée d'un profond étonnement, qui se termina enfin par un grand éclat de rire. Je ne vois pas, Monsieur, lui dit assez séchement le nouveau-venu, ce qu'il y a de si plaisant dans ce que je viens de dire, pour en rire comme vous faites. Mon cœur, lui dit Similor, en tirant une Brochure de sa poche, n'êtes-vous pas l'énorme Bossu qui me vendîtes hier ce Livre à la sortie de l'Opéra? Je ne le nie pas, repartit le neveu, je vous crois trop galant homme, poursuivit-il en riant aussi, pour me vouloir dénoncer. A Dieu ne plaise! dit Similor, mais quel est l'habile Opérateur qui vous a, d'un jour à l'autre, si bien extirpé la loupe effroyable qui vous couvroit l'omoplate? Pour Dieu, indiquez-le moi, en faveur d'un jeune Médecin de mes amis qui, tout savant qu'il est, n'a pas ce beau secret-là, car il ne manqueroit pas de s'en servir pour lui-même. C'est moi, Monsieur,

Monsieur, répondit le Colporteur, qui viens de faire cette belle & prompte opération tout-à-l'heure en montant l'escalier. Tenez voilà ma bosse, continua-t'il, montrant la petite malle qu'il avoit jettée en entrant, & voilà la clef, ouvrez, choisissez & achetez, je vous mets à-même, & trouvez bon, puisque j'y suis aussi, que je m'accommode pareillement; disant cela il se mit à table.

Similor qui n'aimoit guéres moins l'humiliation de son prochain que sa propre gloire, & l'une ou l'autre entrant d'ordinaire pour quelque chose dans les Brochures du jour, il se fit un vrai régal du passe-tems qui s'offroit à lui; comme aussi le Colporteur de son côté, pressé d'un besoin plus naturel, & qui voyoit bonne chere devant lui, ne se faisoit pas un moindre plaisir d'en profiter. Ils se satisfirent tous les deux: celui-ci visitoit aussi curieusement tous les plats que l'autre inventorioit la malle, & chacun à l'envi, donnoit fon coup de dent à fa façon.

Le premier Livre qui tomba fous la main de Similor fut le Recueil de ces Meſſieurs. Recueil de miféres, dit-il. Ces prétendus Meſſieurs étoient de grands foûs ; je n'en excepte que le dernier, qui a fi bien parlé contre la raifon, & qui juge tous les autres fans les avoir lûs, comme il l'aſſure lui-même. Celui-là du moins n'a perdu de tems, ou n'en a mal employé que le peu qu'il lui en a fallu pour prononcer à la boullevûë, comme il a fait & comme il a dû faire. Qu'eſt-ce qui fuit ?

LES FESTES ROULANTES.

Autres impertinences qui ne valent pas le papier à fucre qui les couvre, & moins encore mille fois la peine que j'ai prife de les lire. Ajoutez à la mince valuë, que c'est une injustice criante. De-quoi rit-on ? Les Fêtes dont il est question font tout l'honneur possible à celui qui les a imaginées.

Les cinq Chars ne valoient-ils pas bien cinq Carosses d'Ambassadeurs, dont il n'en faut qu'un pour faire bayer tout Paris : Et la bonne chere par-dessus le marché, n'est-ce donc rien ? On ne sait ce qu'il faut à ces Diables de Badauds. Ils ne sont jamais contents, quoique l'on fasse pour leur plaire ; amusez-les, fêtoyez-les, régalez-les, il leur manquera encore quelque chose. Poussez la galanterie jusqu'à les mener où je suis, ils y demanderont des sentimens. Oh, oh ! continua-t'il, passant à une autre Brochure, voici qui m'a bien la mine d'un bon Libelle diffamatoire dans toutes les formes.

ORAISON FUNEBRE
DE L'ABBÉ D. F.

Où l'on s'est interdit le privilége de mentir.

La Peste ! je serois bien fâché pour deux grandes raisons, d'être le Sujet d'une pareille Piéce d'Eloquence. La première de ces deux grandes raisons, dit le Colporteur, se dévine aisément ; c'est qu'il faudroit primò que vous fussiez mort, passe pour celle-là, elle est valable ; mais pour l'autre, telle que je la conçois, au Diable qui s'en soucieroit !

Doucement, doucement, notre ami, dit Similor, vous ne savez pas comme moi, ce que c'est que d'avoir maille à partie avec la postérité. S'il est fâcheux, comme vous en convenez, de mourir une fois, vous m'avoüerez qu'il l'est encore plus d'en mourir deux ; qu'il ne faut qu'un Placard comme celui-là sur la tombe d'un Illustre, pour le désimmortaliser tout net, ou, qui pis est, pour immortaliser ses sottises ; car à qui n'arrive-t'il pas d'en faire ?

Lisez, lisez cette Feuille que je vous montre, dit le Colporteur, elle me vient de bonne main, & on m'a dit que cela étoit plaisant. Je n'entends rien au titre, dit Similor.

MEMOIRE

POUR

JANOTUS DE BRAGMARDO,

Contre l'Université.

Qu'a-t'on voulu dire ? Tout ce que j'en sçai, dit le Colporteur, c'est que cela roule sur la querelle ridicule & sans fin des Chirurgiens

& des Médecins. Ah, ah, j'y suis, j'y suis, dit Similor; & le Mémoire, à ce qu'il paroît, est pour les Chirurgiens. Je ne savois pas, dit le Colporteur, que JANOTUS DE BRAGMARDO voulût dire le Corps des Chirurgiens, mais pourtant, selon ce que j'en ai ouï dire, le Mémoire n'est ni pour l'un ni pour l'autre Parti, on daube également sur tous les deux. Il n'y a pas de mal à cela, repliqua Similor; on ne sauroit trop s'égayer sur la friperie des gens qui s'égaient impunément sur notre peau ; on ne leur nuira jamais tant qu'ils nous nuisent : leur fureur de détruire va, comme on voit, jusqu'à se vouloir aussi détruire les uns les autres. En puissent-ils venir à leur honneur ! Que sait-on si ce n'est pas l'intention de leurs Juges, & si leur lenteur à décider n'est pas un effet de leur sagesse & de leur amour pour le bien public. Car assurément, quand les Médecins & les Chirurgiens cherchent à se détruire, c'est la seule & précieuse occasion où rien n'est mieux que de les laisser faire; qui les y peut mieux aider que les lenteurs de la Justice? De ce beau propos, il trouva bien-tôt de quoi passer à d'autres qui étoient plus de son ressort. Voici, dit-il, un titre qui ne me plaît point.

TRANSMIGRATION

DES BEAUX-ESPRITS

De France en Prusse.

Transmigration ! Transmigration ! ce n'est pas là le mot propre; pour parler correctement, il ne falloit mettre que Colonie : Transmigration ne se dit que du transport de toute une Nation expatriée par la force du Conquérant; & pour un Bel-esprit ou deux au plus, que nous a ravis la Cour de Berlin, il nous en reste au moins trois ou quatre de bon compte. Il faut dire cela à l'Auteur, qui d'ailleurs ne me paroît pas un sot; car cet Ouvrage finit par une assez bonne Epigramme. Il la lut haut, & la voici.

LA FRANCE
AU ROY DE PRUSSE.

Prince ambitieux, arrête:
Pourquoi cette incursion ?
Et d'une juste Conquête
Passer à l'invasion ?
Reprends à ta fantaisie
Et garde la Silésie,
C'est ton droit que tu poursuis ;
Mais d'où vient, Roy téméraire,
Nous enlever Maupertuis,
Et la moitié de Voltaire ?

Il est vrai qu'il n'y a pas de conscience à cela! disoit Similor en riant ; du reste, continua-t'il sérieusement, quand je disois : Pour un Bel-esprit ou deux que nous enlève la Cour de Berlin......me trompois-je dans mon calcul ? L'enlèvement, comme on voit, se réduit précisément à un & demi tout en gros. Mais en voici bien d'un autre ! Il faut l'avoüer, la gaieté Françoise est admirable pour créer de jolies bagatelles : c'est dommage qu'elle ait renoncé au Comique.

LES AMOURS

DE MILEDI MELPOMENE

ET DE

MILORD AMPHIGOURI,

Nouvelle-Galante.

La Belle Union ! il n'est pas difficile de voir que c'est une Pasquinade contre le Tragique empoulé qui a succédé à celui de Corneille & Racine, & contre notre nouveau goût pour le Théâtre Anglois ; il y auroit bien des choses à dire sur le premier point. Quant au deuxiéme, je le maintiens très-injuste. Le Théâtre Anglois est une mine de Diamans pour le nôtre dans l'épuisement où il est. Et sans parler de *Venise sauvée*, & de toutes les belles Suivantes qu'elle aura, on seroit bien surpris de savoir tout ce que depuis douze ou quinze ans notre Cothurne doit à celui-là ; si j'en dressois un Mémoire exact, je ferois bien rougir des Spectateurs qui raillent, & qui en ont pourtant profité à leur insçû. Voici apparemment le deuxiéme Tome.

THALIE

SUR *le retour & dans la Haute Reforme, sous la direction du R. P. D. L. C.*

Je n'ai rien à dire à ceci, dit Similor; il est vrai que notre pauvre Comédie prend une étrange forme depuis quelques années : Qu'elle ait donné dans le sérieux & la morale, baste! le tems du Génie est passé, tout le bel Esprit du monde ne méne pas à la belle Nature. Relâchons lui le métaphysique : il faut bien vivre, comme disoit tout-à-l'heure la bonne Tante, & quand on ne fait pas ce qu'on veut, faire ce qu'on peut; mais qu'elle veüille donner dans l'Itos & le Pathos, c'est une usurpation, un égarement intolérable. La pauvre tragédie, telle qu'elle est devenuë, n'avoit pas déja si fort nos larmes en sa disposition, sans que sa friponne de sœur vînt encore dîmer sur sa récolte. Ce sera sans doute ici que Mademoiselle Manon aura pris le trait qu'elle m'a lancé à mon arrivée en me présentant un écran. Suivez, Monsieur, suivez, interrompit le Colporteur, en lui montrant du doigt une Brochure in-quarto couverte de papier marbré ; voilà qui va avec les deux précédentes que vous venez de voir ; c'eſt l'aſſortiment, les trois ne ſe ſéparent point. Similor ouvrit & lut :

APOLLON PANTIN

ET

LES MUSES PANTINES,

BALLET NEUF.

Les Paroles ſont de divers Auteurs, & la Muſique des ſieurs Innocent & Charivari.

Coyonnerie, coyonnerie ! dit-il, en jettant la Brochure au loin ; on voit bien d'où cela ſort, c'eſt de quelque malheureux Poëte Lyrique qui n'aura mérité ni penſion, ni place, ni cordon.

DES COLPORTEURS. 221

Oh! pour cette Feuille-ci sur laquelle vous mettez la main, dit le Colporteur, elle est toute seule de sa bande : elle a fait un beau bruit celle-là ! Et elle nous coûte bien cher ; c'est elle qui me fit endosser la Bosse. Similor ayant lû le commencement du Titre :

DISCOURS

Prononcé à la porte de l'Académie, par . . . .

Au feu ! au feu ! s'écria-t'il, & sur le champ il y jetta la Feuille, qui flamba & fut consumée en un clin d'œil sous la pincette qu'il tenoit appuyée dessus. Eh morbleu, Monsieur, quelle rage vous tient ? cria le Colporteur, & que faites-vous ? Je fais justice, dit Similor, & j'extermine un Ecrit qui offense un homme d'honneur, respectable à tous égards, & qui doit être cher à tous les amateurs des belles choses. Pour le coup, notre Ecervelé parloit & agissoit en homme sensé, mais le Colporteur qui ne trouvoit pas son compte à cela, se mit dans une colére épouvantable, disant qu'il n'existoit peut-être plus que cette Feuille-là. Tant mieux, disoit Similor, tant mieux, vous me comblez de m'en assurer. J'en suis ravi pour ce grand homme, & je lui ferai ma cour de ma bonne action la premiére fois que j'aurai le bonheur de le rencontrer. Je n'ai que faire de tout cela, repartit le Colporteur furieux & d'un air menaçant; je me soucie bien que vous fassiez votre cour à mes dépens; vous m'avez brûlé pour dix francs de marchandises, j'en ai refusé un gros écu aujourd'hui, & ventre-bleu........ Pas tant de bruit, dit Similor, un peu de prudence, vos cris pourroient attirer ici le Commissaire; & sa présence, entre nous, est plus à craindre pour ces Dames, & pour vous tout le premier, que pour un homme tel que moi. Après tout, je suis équitable ! vous m'assurez que c'étoit le seul Exemplaire..... Oüi, Monsieur ; Que le Diable & la Foudre.... Il suffit, je vous en crois, tenez voilà un demi-loüis, soyez aussi content que moi. Cette petite branche du rameau d'or ramena la paix pour une troisiéme fois dans ce véritable antre de la Discorde, mais ne la ramena pas pour longtems.

Chacun reprit ses fonctions, & Similor ouvrit une Nouveauté qui avoit pour Titre :

ALMANACH DU DIABLE

Pour l'Année 1747.

La Piéce, suivant la méthode & le style des Almanachs ordinaires, débutoit par l'article des éclypses, & l'on y lisoit :

» Il y aura cette année 1747 sur
» l'horizon du Fauxbourg S. Ger-
» main une éclypse du bon goût ;
» elle arrivera le 18 Janvier 1747,
» & elle sera totale, avec demeure
» dans l'ombre. Son commence-
» ment sera à la premiére représen-
» tation d'une Comédie nouvelle,
» & finira à une premiére lecture.

Cette raillerie univoque & mordante, qui tomboit à plomb sur un de nos meilleurs Ecrivains & sur ses admirateurs, remit Similor en belle humeur, & le Livre qui suivit celui-là l'y maintint, mais sur tout un autre ton. C'étoit

NOCRION

ou

Histoire véritable & merveilleuse d'un Prodige arrivé à l'endroit du nommé Fotz, muët du Serrail d'Ispaham,

paham, auquel est survenu subitement l'usage de la parole.

Muët du Serrail ! Oh voici à coup sûr bien de la gravelure & des godriolés. Il ne faut pas être un grand Grec pour comprendre qu'un Muët sorti de si bon lieu, & dont la langue se dénoüe, jase diablement & a de bonnes choses à dire. L'Auteur est un grand maladroit, s'il n'a pas bien édifié sur un si beau fonds. L'ami, dit-il au Marchand, je veux prendre un Fotz. Prenez, Monsieur, lui dit l'autre, vous êtes bien le maître. Combien un Fotz ? Tant. C'est trop, dit Similor, allez, allez, je suis au fait de cette marchandise-là comme vous-même, depuis le tems que je m'en mêle pour mon compte ; voilà plus que cela ne vaut. Que cela soit dit, je n'en donnerois pas un obole par-delà. Il jetta ce qu'il voulut, empocha un Fotz & continua son inventaire. La derniére pomme de discorde attendoit ici notre Curieux. Le fond de la malle étoit occupé de toute la premiére Edition d'un Livre intitulé :

NOUVEAU SUPPLÉMENT
DU GRAND
DICTIONNAIRE HISTORIQUE
DE MORÉRI.

Jusques-là il n'y avoit rien de trop frappant, mais ce qui piqua l'attention de l'Inquisiteur, c'est l'année de l'Impression ; elle étoit de 1801. Un Supplément de Moréri en l'année mil huit cens un ! dit Similor, en frappant des mains : *Si non vero, benè trovato.*

Beau cadre à dire bien des vérités en face à des vivans supposés morts, il ne cessoit de se recrier sur la commodité de ce plan, & pour démontrer qu'il étoit très-ingénieux, il répétoit sans cesse qu'on le lui avoit volé. Ensuite ayant parcouru des yeux la premiére page & grommelé quelques mots de l'Avertissement, ce fut bien autre chose. Mais, mais comment donc! voilà du neuf, du joli, du léger, de l'heureux, du fin, du délicat. Ce ne fut jamais là de la drogue à vendre sous le manteau : cela mérite, je ne dis pas Privilége & Permission, mais récompense. Je garantis à cet endroit déja, corps pour corps, Ouvrage pour Ouvrage, approbation, acclamation générale. Je voudrois l'avoir fait.

En effet, tel étoit le début de cet Avertissement :

» Ce Supplément contient les ar-
» ticles de tous les hommes plus ou
» moins illustres qui ont paru de-
» puis les derniéres Editions de Mo-
» réri jusqu'à la présente année sé-

» culaire 1801, c'est-à-dire, pen-
» dant une partie du glorieux régne
» de Loüis XV. assis aujourd'hui sur
» le Thróne, dans le sein d'une paix
» profonde & de son auguste Fa-
» mille, qu'il a la satisfaction de
» voir multipliée jusqu'à la cinquié-
» me génération.

Similor s'enquit du tems qu'il y avoit que ce Livre paroissoit. On l'assura qu'il n'avoit pas encore été mis en vente, & qu'il voyoit là tous les Exemplaires, qui n'excédoient pas le nombre de deux cents. Oh parbleu! cette nouveauté fera fortune! J'en réponds, car j'en dirai du bien. Je prétends faire plus; j'aime le Roi, on ne l'ignore pas depuis le témoignage éclatant que j'en donnai dans mon Ode sur la Convalescence : le Roi verra ce Livre-là; demain, demain, je veux lui lire cet endroit-là ! Demain je vole exprès à Versailles, & je perce le petit coucher, on peut compter là-dessus.

Le Supplément étoit écrit en stile de Dictionnaire, avec simplicité & précision ; mais cette précision & cette simplicité étoit justement le tour ingénieux qui donnoit une certaine force aux traits dont l'Ouvrage étoit parsemé. Les noms obmis n'étoient pas de ces traits, ceux qui étoient les moins piquans : tel avantageux de nos jours, qui pour quelques productions, heureuses en ce siécle de Bagatelles, ne s'érige pas moins dans ses rêves, qu'un trophée chez M. Titon, devoit, suivant le sens de ces omissions affectées, se voir en 1801 déja parmi les noyés. Du reste ce Livre, ainsi que de vives railleries, contenoit aussi, comme de raison, de justes éloges.

Par exemple, Similor, qui eût désiré n'y trouver que le sien, eut le chagrin en le cherchant au SI, de rencontrer dans sa route SA, celui d'un autre, dont la longueur l'impatienta furieusement pendant le cours de 15 ou 20 feuillets. C'étoit sous l'article de SAXE (Maurice Comte de) Maréchal de France. On y détailloit les qualités éminentes de ce grand homme, & l'Auteur s'étoit donné ses aises en Ecrivain supposé du siécle futur, & qui n'avoit par conséquent plus de loix à prendre que de la vérité, ni plus rien à démêler avec la modestie du Héros. Similor espérant qu'on n'auroit pas plus ménagé la sienne, se hâta de mettre le nez sur l'encens. Il parvint enfin à son article; on ne l'avoit heureusement point obmis, il n'eut garde de s'en étonner, mais voici ce qui l'étonna.

Similor (Mathieu) Ecrivain superficiel & fleuri qui brilloit encore vers le milieu du dernier siécle. Ses Ouvrages alors nombreux, & dont il ne nous reste que des fragmens, tirérent leur peu de vogue de l'étrange activité qu'il eut à leur procurer des suffrages. Il sçut s'introduire chez les grands & s'insinuer chez les femmes, qui distribuoient alors les honneurs du Parnasse. Il déprimoit adroitement les bons Poëtes, exaltoit les mauvais, & soudoyoit des Prôneurs. Il faisoit composer & composoit lui-même ses éloges, que par des envois anonymes il faisoit ensuite insérer dans des Feuilles périodiques dont la France étoit alors infectée. Tout ce manége ne le sauva point, même de son vivant, d'un grand discredit. Il n'étoit presque plus mention de lui sur la fin de sa carrière ; de-là vient que l'on ne sait précisément ni quand, ni comment il mourut : les uns veulent qu'à la première représentation de sa dernière Piéce il mourut subitement avec elle sur le Théâtre ; sur quoi même ils rapportent cette Epitaphe :

> Ci-gît Similor qui sur terre
> Rembourfa plus d'un camouflet ;
> Et qui par Meffieurs du Parterre
> Fut tué d'un coup de fiflet.

D'autres le font mourir tout naturellement dans son lit, d'une attaque d'apoplexie caufée par son trop d'embonpoint. C'eft aux Continuateurs de M. l'Abbé d'Olivet à nous débrouiller cet anecdote & à conftater lequel de ces faits eft le plus vrai ou le plus vrai-femblable.

Sa furprife & fon dépit furent tels, qu'il en penfa tomber à la renverfe, & vérifier ainfi d'avance en quelque forte la premiére de ces deux opinions : il fe pofféda toutefois, roulant dans fa tête différens moyens pour empêcher ce Livre de voir le jour. Son premier deffein fut de payer toute l'Edition ; il en demanda le prix : on lui dit cent piftoles. L'avarice effrayée lia les mains à l'orgueil mortifié pour les délier à l'artifice; le plus simple eût été d'aller sans faire mine de rien chez le Commissaire, & de lui faire mettre la main sur le Colporteur & sur la malle: mais son objet étoit d'anéantir exactement les deux cens Exemplaires; & ce ne sont pas là de ces sortes d'effets saisis, de ces dépôts sacrés, dont rien ne sort jamais des greffes. Ne s'en fiant donc qu'à soi seul, il s'y prit autrement, il commença, pour mener à bien son projet, par se bien rasseriner, prendre & payer deux Exemplaires, bien refermer la malle & prendre la clef. Ramenant ensuite un leger soûrire sur le bout de ses dents, il se rapprocha de la table, reparla du voyage de Versailles, y promit sa protection; refit sa cour à Manon, fit venir le Champagne & le versa à profusion. Quand les fumées auroient achevé de mettre la compagnie sur le bon ton, mon camarade, dit d'un air enjoué Similor au Colporteur, ma foi, plus je vous examine de pied en cap, plus je me dis que j'avois hier la berluë, de ne pas voir que votre bosse étoit postiche. Et à quoi cela se devoit-il voir, dit le Colporteur? A vos gras de jambes, répondit Similor, & à cette face de jubilation. Bon! reprit l'autre; belle rêverie de vouloir qu'il y ait des jambes & des visages à part pour des Bossus! N'en doutez pas, dit Similor, tenez, examinez-moi bien; vous verrez de la tête aux pieds un homme bien taillé pour porter bosse; elle m'iroit comme de cire, & pour vous en convaincre, je veux par plaisir que vous me l'essayiez.

L'épreuve parut divertissante: on y taupe. On lui applique très-correctement la bosse sur les épaules; il se la fait bien attacher par-dessous le just'au-corps, & l'on épar-

DES COLPORTEURS. 235

pille agréablement sa perruque naissante par-dessus : cela fait, il se présente au miroir comme une Belle qui sort de sa toilette, se proméne avec toutes les graces d'un Bossu, se carre, se tourne à droit, à gauche : Hé bien, Monsieur, hé bien mes Dames, comment me trouvez-vous ? Voilà ce qui s'appelle un Bossu cela ; qu'en dites-vous ?

Tous de se recrier qu'il étoit à peindre ; qu'il étoit vraîment bossu, tortu même en cas de besoin. On lui bat des mains ; on crie *Vivat !* Il s'égaye tout de bon & comme par entousiasme ; il folâtre, on pâme de rire : il danse, il fait la cabriole & saute le Bossu. Jamais Polichinelle ne fut si fêté, si claqué, si brillant, jamais scéne si jolie ni si folle ne se joua sur le théâtre de la joie.

Cependant le Colporteur fessoit le Champagne en homme qui n'y étoit pas accoutumé : rien n'étoit plus naturel en pareil cas que des besoins qui l'obligeassent à sortir. Aussi rentroit-il pour la trois ou quatriéme fois, quand Similor, qui crut avoir enfin assez préparé le moment d'enlever la malle & de s'évader, cria qu'un enfant en pleureroit & courut à la porte, le cœur epanoüi déja d'une joie secrette, à l'approche de l'heureux dénoûment : mais quel coup de théâtre pour les Lecteurs, & quel coup de foudre pour lui !

Tout en ouvrant la porte, il se vit l'estomach pointé par deux ou trois hallebardes que lui présentérent autant de grivois à moustaches, suivis d'un Commissaire & d'un Exempt. Ah chien de Bossu ! lui cria l'Exempt, en lui serrant la gorge, nous te tenons pour le coup; tu payeras les peines que tu nous donnes depuis si long-tems. En prison, Messieurs. Messieurs ! s'écrioit le pauvre étranglé, vous vous méprenez indignement ! entendons-nous, songez bien à ce que vous faites ! Nous y songeons très-bien, dit le Commissaire d'un ton de fausset & en se rengorgeant, vous êtes bien celui que nous cherchons, & vous n'êtes pas fait de façon à s'y pouvoir méprendre ; au Châtelet ! M. le Commissaire, dit Similor, en se rengorgeant aussi de son mieux, vous vous trompez, vous dis-je, je ne suis pas plus bossu que vous. C'est aussi, reprit l'homme de Robe, un faux Bossu que nous cherchons, ne vous faites pas mettre les menottes, obéissez de bonne grace à la Justice & marchons. Similor outré & se débossuant en fureur, jetta la bosse à la tête de son maître, en disant, voilà votre Bossu ! Celui-ci rejetta la bosse au nez, jurant qu'il n'y prétendoit rien, & qu'elle étoit bien à lui. Tous deux pelotoient la bosse & se la renvoyoient à coups de pied avec les meilleures raisons qu'ils pouvoient s'imaginer. Me serois-je avisé comme un sot, disoit le Colporteur, de vouloir faire le bossu avec mon air joufflu & ces jambes-là, & ne voit-on pas clair comme le jour que c'est un déguisement ajusté à la figure de Monsieur ? Qu'il replique à cela ! Le Commissaire qui n'étoit rien moins qu'un Salomon, pour savoir à qui adjuger la bosse, se lassa de sa perplexité : Marchons, marchons, dit-il, voilà bien des façons ; toutes bosses & tous vilains cas sont reniables, on le sait bien, & ceci ne finiroit jamais : Qu'on les mène tous deux au cachot ; le Fait s'éclaircira tout à loisir. Similor consterné, comme on peut croire, en envisageant les suites d'une si vilaine avanture, obtint enfin par ses larmes & par ses prières un moment d'entretien secret avec le Commissaire & l'Exempt : étant donc passé avec eux dans une chambre voisine, là il se nomma & fit un détail fidéle de tout ce qui venoit d'arriver. Il n'en étoit pas mieux, & toute son éloquence étoit perdue sans le secours d'une bourse de cinquante pistoles qu'il avoit heureusement sur lui : à l'harmonie d'une si belle péroraison, le Commissaire baissa le fausset d'un ton, l'Exempt s'humanisa ; ils se parlérent à demi-voix pour se concilier sur le renvoi de leur suite, promirent à Similor de lui rendre bon compte des Exemplaires qui l'intéressoient si fort, & lui montrérent un petit degré dérobé qui descendoit dans la petite ruë des Marais. Il l'enfila bien vîte & regagna son logis, laissant tout le monde extrêmement satisfait d'avoir eu son soupé, son argent, & une comédie si plaisante, dans un tems sur-tout où elles sont si rares. Car il est tems enfin de mettre mon Lecteur au fait, en lui disant que depuis la rencontre de la Vieille jusqu'à ce dernier & parfait dénoûment, tout n'étoit qu'un jeu concerté par des Colporteurs qui avoient de justes sujets d'en vouloir à Similor. (autre matiére à une nouvelle nuit de Straparole) Niéce, Neveu, Tante, Archers, Commissaire, Exempt, tous n'étoient que de faux Personnages qui, de longue main, s'étoient distribué les Rôles & avoient sçû ajuster la Scéne au Théâtre, selon les différentes circonstances; & les fréquentes sorties du Colporteur, après le vin de Champagne, avoient servi à faire les derniers arrangemens.

Il en revint bien à Similor, après deux ou trois jours, quelques soupçons qu'il voulut éclaircir, mais envain. On retrouva bien le Théâtre, mais les Acteurs étoient bien loin. Il ne put plus douter qu'il n'eût été joué, & cette decouverte de sa part auroit manqué à la pleine vengeance

Simon Collat.

vengeance des Rieurs. Depuis ce tems, il ne voit passer ni malle ni bosse, qu'il ne lui souvienne de la Male-Bosse.

MEMOIRE
DE SIMON COLLAT,
DIT PLACARD,

Maître Afficheur, Donneur d'Avis, & Juré-Crieur des Choses perdues.

A Messieurs les Colporteurs.

C'Est honneur & grace que vous me faites, Messieurs, que de vouloir bien m'associer à vos remontrances, comme je le suis à vos malheurs; & si cette conformité qui achève de rendre les hom-

Q

mes senfibles, ne suffisoit pas pour vous bien assurer de ma reconnoissance, je pourrois du moins vous prouver par un détail intéressant de l'ancienneté de ma famille & de la profession qu'elle a toujours exercée, que loin d'être indigne de vos bontés, il peut en réjaillir sur vous-mêmes un éclat très-avantageux à la cause commune.

Les *Collats* sont par rapport aux Affiches, ce que sont les *Collots* pour l'opération de la taille, c'est-à-dire, les premiers & les plus célèbres de tous ceux qui ont exercé leur Art; avec cette différence pourtant, que les *Collots* ne sont venus que des milliers d'années après les *Collats*, que la réputation des *Collots* ne s'est répandue que dans une partie de l'Europe, & que leur habileté n'a sauvé qu'un petit nombre d'hommes, au-lieu que celle des *Collats* utile à tout le genre humain, n'a eu presque d'autres bornes que celles de l'Univers. Vous en jugerez, Messieurs, par cette espéce d'Arbre Généalogique & Historique, que les quatre plus savans Hommes du Régne de François I. Guillaume Budé, Pierre du Châtel, François Vatable, & Henri Estienne, dressèrent en faveur d'Emanuel Collat mon Trisayeul. Cette Piéce curieuse, que j'ai trouvée dans ses Papiers, n'a jamais été rendue publique, & ne peut, je crois, le devenir dans une conjoncture plus favorable & plus triste que celle où nous nous trouvons.

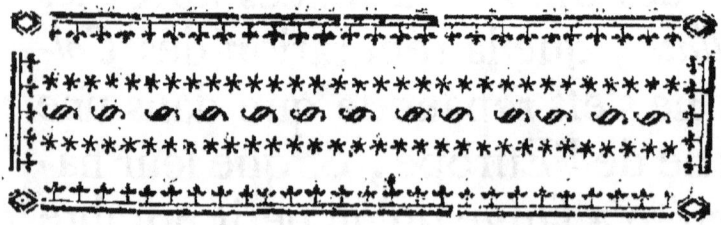

» Les Commissaires soussignés,
» qui ont vû & examiné les Mé-
» moires, Titres & Documens qu'a

„ produits pardevant eux EMA-
„ NUEL COLLAT, Collation-
„ neur perpétuel, Colleur, Reſtau-
„ rateur & Enjoliveur des Manuſ-
„ crits de la Bibliothéque de Fon-
„ tainebleau, Afficheur du Collége
„ Royal, & de tous autres Placards
„ réſervés par l'Edit du mois de Fé-
„ vrier de l'année derniére 1539, &
„ qui ont joint à ces Titres, Mémoi-
„ res & Documens, leurs propres
„ recherches, avec d'autant plus
„ de plaiſir que ledit Emanuel Col-
„ lat les a toujours ſervis avec un
„ zéle, une intelligence & une
„ probité inexprimables, & que
„ ſon déſintéreſſement les empêche
„ de s'acquitter envers lui d'aucune
„ autre maniére : Déclarent, at-
„ teſtent & certifient, aux périls,
„ riſques & fortunes de tous Litté-
„ rateurs, Chronologiſtes, Géo-
„ graphes, Hiſtoriens, Généalo-
„ giſtes, Hérauts & Pourſuivans
„ d'Armes qu'il appartiendra, pré-

DES COLPORTEURS.

„ sens & à venir qu'il appert.
„ Que Caïn Collat, premier du
„ nom, étoit un des hommes de
„ confiance de l'Entrepreneur en
„ chef de la Tour de Babel; qu'il
„ étoit entr'autres chargé des Affi-
„ ches qui chaque jour annon-
„ çoient réguliérement le genre de
„ travail qui se feroit le lendemain,
„ la disposition & la qualité des ma-
„ tériaux, le nombre & le rang
„ des ouvriers qui seroient em-
„ ployés à chaque partie de l'Edi-
„ fice, les heures de réfection &
„ de délassement, l'ordre & la na-
„ ture des payemens, &c. sans quoi
„ la confusion se feroit mise en
„ moins de rien dans l'ouvrage mê-
„ me, comme peu de tems après
„ elle s'introduisit dans le langage.
„ Que cette révolution fatale ne
„ servit qu'à rendre Caïn Collat
„ encore plus illustre; qu'alors par
„ des Affiches hiéroglyphiques,
„ qui s'expliquoient directement

,, aux yeux & à l'esprit, sans paſ-
,, ſer par l'intervalle des ſons, il
,, enſeigna aux Nations ſtupéfaites
,, l'art de ſe reconnoître toujours,
,, & de converſer encore enſem-
,, ble ſans ſe parler ; il leur traça
,, les routes différentes qu'elles de-
,, voient tenir pour peupler avec
,, une ſorte de proportion & d'éga-
,, lité le reſte du monde déſert ; il
,, leur facilita les moyens de retrou-
,, ver & d'emporter aiſément leurs
,, hardes mêlées ; & qu'enfin le
,, terme de *Sac*, qui fut le ſeul
,, mot écrit dont il ſe ſervit en
,, cette occaſion, parut ſi expreſ-
,, ſif & ſi convenable au Sujet,
,, qu'il eſt auſſi le ſeul qui ſe ſoit
,, conſervé depuis ſans altération
,, dans toutes les Langues du mon-
,, de. ,,

,, Que ſon Arriére-petit-Fils Miſ-
,, raïm Collat porta en Egypte
,, l'uſage de ces Affiches hiérogly-
,, phiques, auſquelles les Egyp-

„ tiens furent redevables des pre-
„ miers Elémens des Sciences, qui
„ dans la suite les rendirent si fa-
„ meux ; mais qu'au-lieu d'en mar-
„ quer une éternelle reconnoissan-
„ ce à l'Inventeur, ils ne s'appliqué-
„ rent qu'à lui enlever son secret,
„ & à se le rendre propre par les
„ additions qu'y firent successive-
„ ment *Isis*, *Osiris*, *Typhon*, *Har-*
„ *pocrate*, *Anubis*, & les grands
„ Prêtres d'Héliopolis ; additions
„ malheureuses qui font qu'on n'y
„ comprend plus rien. „

„ Que les Enfans de Misraïm
„ Collat, sensibles à une si noire
„ ingratitude, formérent le dessein
„ de s'en venger d'une façon pro-
„ portionnée à l'injure, & que la
„ sortie des Hébreux leur en four-
„ nit la plus belle occasion qu'ils
„ pouvoient souhaiter, parce que
„ le Pharaon qui régnoit alors, &
„ qui, suivant la tradition cons-
„ tante de la famille des Collats,

„ justifiée par un fragment de Ma-
„ nethon, étoit Amosis II. & non
„ Aménophis son Ayeul, comme
„ l'a cru Apion, n'ayant consenti
„ qu'à regret à leur sortie, assem-
„ bla immédiatement après leur
„ départ, un Conseil extraordi-
„ naire pour délibérer si on les
„ poursuivroit ou non, & que l'a-
„ vis le plus sage, qui étoit de les
„ laisser aller, prévaloit insensible-
„ ment. Quant aux premiers rayons
„ du Soleil, on apperçut au fond
„ de la Salle du Conseil, une Affi-
„ che hiéroglyphique que les pe-
„ tits Collats y avoient adroite-
„ ment mise pendant la nuit, la-
„ quelle Affiche ayant tout l'air
„ d'un Oracle, en produisit aussi
„ tout l'effet. Elle représentoit Nep-
„ tune armé d'un Trident d'*Ecar-*
„ *latte*, qui sembloit appeller à
„ lui les Egyptiens, & leur tendre
„ les bras en signe de protection
„ & d'amitié. A cette vûe, le

„ Conseil revire de bord, il est
„ unanimement décidé qu'on pour-
„ suivra les Hébreux ; l'Armée s'as-
„ semble, le nombre des Volon-
„ taires passe celui des troupes ré-
„ glées, il n'est enfant de bonne
„ maison qui ne veuille en être ;
„ toute l'Egypte enfin, son Roi à
„ la tête, s'achemine en triomphe
„ vers la *Mer rouge*, & il reste à
„ peine dans la Capitale quelques
„ femmes grosses, quelques Inva-
„ lides & Poëtes crottés, qui ne
„ s'occupent que du soin de pré-
„ parer des Couronnes pour le
„ retour des Vainqueurs. „

„ Que dans cet intervalle, les
„ Collats, qui se doutoient bien
„ que le retour seroit pis que Ma-
„ tines, passèrent dans le Pélopon-
„ nèse, où l'Aîné de la famille,
„ XXIV. du nom, & de qui Ema-
„ nuel Collat descend en droite
„ ligne, s'attacha à Médée, &
„ l'accompagna dans le Voyage

,, de la Colchide, où il lui fut d'un
,, grand secours, parce que c'étoit
,, lui qui, de concert avec cette sa-
,, vante Princesse, apliquoit tous les
,, soirs au mât de la Navire Argo,
,, fait d'un chêne coupé dans la Fo-
,, rêt de Dodone, une nouvelle Affi-
,, che qui instruisoit les Argonautes
,, de ce qu'ils avoient à faire ou à
,, éviter dans la journée suivante ;
,, ce qui donna lieu aux Auteurs
,, imbécilles, & sur-tout aux Poë-
,, tes Bavards, de dire que les Ar-
,, bres de Dodone parloient & ren-
,, doient des Oracles. ,,

,, Qu'enflé du succès de cette
,, Expédition célébre, notre Col-
,, lat, qui fut surnommé *Adéle*,
,, c'est-à-dire, l'*Inconnu*, parce
,, qu'on ne connoissoit ni l'origine
,, de sa famille, ni les principes de
,, sa science, se flatta d'introduire
,, dans la Gréce l'usage des Hiéro-
,, glyphes ; mais que les Grecs ac-
,, coutumés à une Langue qui avoit

,, déja pris une sorte de consistan-
,, ce, une Langue qui par elle-
,, même étoit belle, sonore, dou-
,, ce, arrondie, & qui se perfec-
,, tionnoit tous les jours, ne vou-
,, lurent jamais tâter de ce précieux
,, grimoire, aimant mieux donner
,, à plein collier dans le Phébus,
,, que de s'enveloper dans le moin-
,, dre rébus; de sorte qu'Adéle,
,, Collat & ses Successeurs, se vi-
,, rent réduits à n'afficher qu'en
,, langage vulgaire; en quoi ce-
,, pendant ils se distinguérent d'une
,, maniére assez avantageuse pour
,, ne pas regretter leurs oignons
,, d'Egypte. Ils furent proposés
,, pour afficher dans toutes les Ré-
,, publiques alliées, & chez les
,, Puissances voisines, les Décrets
,, des Amphictyons, l'Ouverture
,, des Jeux Olympiques, les con-
,, ditions sous lesquelles on pou-
,, voit y être admis dans chaque
,, genre d'exercice ou de combat.

„ Ce fut auſſi à eux ſeuls qu'appar-
„ tint le droit de publier & d'affi-
„ cher d'après le Rôle des Agono-
„ thétes ou Intendans des Jeux, le
„ nom des Vainqueurs, hommes,
„ chars & chevaux; & outre les ap-
„ pointemens conſidérables atta-
„ chés à cet Emploi, on ne ſauroit
„ dire combien il leur rapportoit en
„ gratification de la part des Ath-
„ létes qui s'y trouvoient intéreſ-
„ ſés; il y en eut un qui leur donna
„ lui ſeul deux Talens Euboïques,
„ pour que les lettres de ſon nom
„ euſſent environ un demi-quart
„ de ligne de hauteur plus que celles
„ du nom de ſes concouronnés. „
„ Telle étoit la fortune des Col-
„ lats aux plus beaux jours de la
„ Gréce, quand l'auſtére vertu
„ dont ils ſe piquoient, peut-être
„ auſſi la malheureuſe habitude
„ qu'ils avoient conſervée de par-
„ ler en Hiéroglyphes, & plus que
„ tout cela ſans doute, leur liaiſon

„ intime avec Socrate, pensa les
„ entraîner dans sa disgrace; mais
„ n'étant pas comme lui originai-
„ res de l'Attique, & naturelle-
„ ment soumis aux Loix de l'Aréo-
„ page, il leur conseilla de s'y sous-
„ traire par une retraite prudente,
„ il leur offrit même, s'ils vouloient
„ passer à Rome, d'excellentes re-
„ commandations auprès des Con-
„ suls, des Décemvirs & des Tri-
„ buns, avec qui d'illustres Athé-
„ niens, ses amis particuliers, en-
„ tretenoient déja, quoique sour-
„ dement, des correspondances
„ d'Etat & de Politique. „

„ Ce fut sous de tels auspices que
„ l'aîné des Collats, le seul dont
„ nous suivons présentement la tra-
„ ce, vint avec ses deux fils s'éta-
„ blir à Rome, dont la puissance
„ commençoit à faire du bruit, &
„ dont les hautes destinées s'avan-
„ çoient à grands pas; les Magis-
„ trats avantageusement prévenus

„ de sa probité & de ses talens,
„ l'employérent aussi-tôt; ils lui
„ assignérent un logement sur le
„ Mont Collatin, & pour ne pas
„ effrayer les Tribus Rustiques par
„ un nom étranger & purement
„ Phénicien, ils lui donnérent ce-
„ lui de *Collius-Collatianus* qui, à
„ la terminaison près, différe peu
„ de Collat & n'a pas moins de rap-
„ port à l'usage de coller & col-
„ lationner; il paroît par quelques
„ Affiches, que les Descendans de
„ ce Collat abrégérent encore le
„ surnom de *Collatianus*, en signant
„ simplement *Collatus*.

„ Sur quoi, les Sieurs Commis-
„ saires, pour faire plaisir aux Lec-
„ teurs curieux d'Anecdotes histo-
„ riques, observeront que c'est
„ contre toute sorte de raison & de
„ vérité que Diodore de Sicile &
„ Pausanias attribuent l'invention
„ de la Colle-forte à Dédale, au
„ préjudice des Collats qui sont

,, bien plus anciens que lui, & qui
,, ont conſtamment tiré leur déno-
,, mination de cette découverte,
,, que leurs ſucceſſeurs ſont d'au-
,, tant plus en droit de revendi-
,, quer, que *Titulus clamat.* Ils ob-
,, ſerveront encore que la colle par
,, excellence, c'eſt-à-dire la colle-
,, forte, ſe dit de même en grec
,, Κόλλα; que ce mot vient du Phé-
,, nicien, & que les Coptes s'en
,, ſont toujours ſervis; ils ajoute-
,, ront qu'il eſt de notoriété publi-
,, que que les Grecs étoient cou-
,, tumiers du fait, qu'ils s'appro-
,, prioient impudemment toutes les
,, découvertes dans les Arts; qu'ils
,, décrioient particuliérement les
,, Egyptiens, parce que c'étoit
,, d'eux qu'ils tenoient leurs plus
,, belles connoiſſances, & que
,, quand ils furent paſſés ſous la
,, domination des Romains, qui les
,, traitoient avec une extrême dou-
,, ceur, & à qui de leur côté ils

„ prodiguoient les plus grands élo-
„ ges, ils haïssoient & mépri-
„ soient souverainement au fond
„ de l'ame ces Vainqueurs gé-
„ néreux, & que ce ne fut que
„ pour les dénigrer avec plus d'a-
„ dresse, que Plutarque entreprit
„ d'écrire la vie des Hommes Il-
„ lustres des deux Nations, & de
„ terminer ces Vies par un paral-
„ léle où l'avantage demeure tou-
„ jours aux Grecs. ,,

„ Enfin, que la prétendue preu-
„ ve, la seule que ces Messieurs
„ rapportent de l'invention de la
„ colle-forte par Dédale, c'est
„ qu'il est à présumer qu'il s'en ser-
„ vit pour s'attacher à lui & à son
„ Fils des aîles postiches, par le
„ moïen desquelles ils pussent écha-
„ per, comme des Oiseaux, à la
„ fureur du Roi de Créte; mais,
„ qu'outre qu'une tradition bien
„ plus générale porte qu'il n'y em-
„ ploya que de la cire commune,

que

„ que le Soleil fondit, de s'être servi
„ en cette occasion de colle-forte,
„ il s'ensuivroit bien plutôt qu'elle
„ étoit déja connue, qu'il ne s'en-
„ suivroit qu'il l'auroit inventée ;
„ que d'ailleurs l'événement sem-
„ ble avoir décidé la question, &
„ que Dédale ne se servit ni de
„ cire commune, ni de colle-for-
„ te, puisqu'après la chûte du pau-
„ vre Icare dans la Mer Egée, il
„ fut très-clairement vérifié que
„ ce n'étoit que de la colle de
„ Poisson. „

„ Après cette disgression, où les
„ Sieurs Commissaires se sont moins
„ engagés par la liaison, la force
„ & l'aménité du Sujet, que pour
„ la satisfaction des gens de Let-
„ tres, ils reviennent à *Collius*
„ *Collatianus*, qu'ils n'ont pas perdu
„ de vûë dans sa transplantation &
„ son nouvel établissement à Ro-
„ me. Il leur paroît que ce fut lui
„ qui, d'entrée de jeu, & par ordre

« des Magistrats, fut chargé d'y
« afficher dans tous les carrefours
« de la Ville les Loix des XII.
« Tables, tandis qu'on les gravoit
« sur de grandes Plaques d'airain
« destinées à rester au Capitole,
« ce qui étoit alors un bien plus
« grand ouvrage qu'il ne le seroit
« aujourd'hui. »
« Ses Successeurs eurent toute
« la confiance des Tribuns, parti-
« culiérement des deux Gracques,
« dans ces tems orageux où le
« Sénat & le Peuple divisés d'in-
« térêts & de sentimens, s'atta-
« quoient & se ripostoient autant
« & plus par des Ecrits & des Af-
« fiches, que par des Harangues
« & des Voies de fait. Un Frag-
« ment de la Loi *Agraria* conservé
« dans la Famille des Collats, &
« ayant encore au haut la figure
« d'un Geai passablement dessiné,
« & contresigné au bas *Collatus*,
« est un monument qui pourra

„ beaucoup servir aux Auteurs qui
„ dans les siécles suivans entrepren-
„ dront de traiter cette matiére.
„ Emanuel Collat en a produit
„ quelques autres moins bien con-
„ servés, qui paroissent aux Sieurs
„ Commissaires des restes d'Affi-
„ ches des Comédies de Plaute &
„ de celles de Térence ; mais ce-
„ lui de tous ces Fragmens qui est
„ le plus entier, & qui a aussi moins
„ d'étendue, est un Avis au Pu-
„ blic, qui fut affiché lorsqu'un
„ grand nombre de Gaulois amis de
„ César, & par lui élevés à la
„ dignité de Sénateurs, vinrent à
„ Rome pour y être instalés : l'Avis
„ portoit en substance que *ce seroit*
„ *un bon tour à leur faire que de ne*
„ *leur point indiquer le lieu où s'as-*
„ *sembloit le Sénat;* & en effet ils
„ ne le découvrirent & n'y arri-
„ vérent qu'après la séance levée.
„ La tradition de la famille est que
„ ce fut Cicéron qui leur inspira

,, cette espiéglerie, & qu'il aimoit
,, les Collats, parce que dans le
,, tems des proscriptions de Ma-
,, rius & de Sylla, ils s'étoient re-
,, tirés à la campagne dans un lieu
,, voisin de *Tusculum*, pour n'être
,, mêlés en rien dans les opérations
,, tragiques de ces deux turbulens
,, personnages. ,,

,, Il y a apparence que c'est de
,, la *même main* que partirent ces
,, mots que l'on trouva affichés un
,, beau matin sur la base de la sta-
,, tuë de Brutus, *que n'es-tu en vie!*
,, & ceux-ci qui y furent substi-
,, tués peu de tems avant la mort
,, de César. *Brutus fut fait Consul*
,, *pour avoir chassé les Rois, & César*
,, *est devenu Roi pour avoir chassé*
,, *les Consuls.* ,,

,, On ne doit pas oublier que ce
,, fut dans ce loisir de la campa-
,, gne, & ce voisinage de Tuscu-
,, lum, que les Collats donnérent
,, à Cicéron les premiéres idées de

„ l'art d'écrire en abregé auſſi vîte
„ que l'on parle, & que nous apel-
„ lons *Tachæographie* : ils l'avoient
„ toujours cultivé dans la famille,
„ & l'avoient ſucceſſivement ap-
„ pliqué à la langue des diférentes
„ nations, parmi leſquelles ils
„ avoient vêcu depuis la Tour de
„ Babel. Cicéron charmé de pou-
„ voir recueillir par ce moyen les
„ tirades cauſtiques & merveilleu-
„ ſes qui échapoient à Caton preſ-
„ que toutes les fois qu'il diſoit ſon
„ avis au Sénat, ſe rendit très-ha-
„ bile dans cet art, & le fit ſou-
„ verainement bien apprendre à
„ un de ſes affranchis nommé Ti-
„ ron, qui ſe réduiſit en forme de
„ lexique ou tables alphabétiques
„ que l'on conſerve encore aujour-
„ d'hui dans pluſieurs Bibliothé-
„ ques. „

„ Il y a de plus dans les eſpé-
„ ces d'Archives de la maiſon
„ COLLAT, divers morceaux de

„ tablettes antiques, les unes en-
„ duites de cire, les autres d'une
„ espece de craïe, & toutes char-
„ gées de caractéres latins; de l'e-
„ xamen desquelles Tablettes il ré-
„ sulte aux yeux desd. sieurs Com-
„ missaires, accoûtumés à déchif-
„ frer les manuscrits les moins lisi-
„ bles qu'un des fils du Collius
„ Collatus dont nous venons de
„ parler, étoit en liaison avec
„ Horace & Virgile, comme son
„ pere l'étoit avec Cicéron, &
„ que ce fut de lui que Virgile se
„ servit pour placer adroitement
„ sur la porte du Palais d'Auguste
„ ce distique qui le flattoit de par-
„ tager avec les Dieux l'Empire
„ du monde, sur ce qu'après une
„ pluye excessive qui ayant duré
„ toute la nuit, faisoit craindre
„ que les spectacles que le Prince
„ devoit donner le lendemain ne
„ fussent differés, le soleil avoit
„ reparu dans toute sa splendeur,

„ & les spectacles avoient reçu un
„ nouvel éclat de la pluye qui les
„ avoit précédé, parce qu'elle
„ n'avoit servi qu'à rendre le Cir-
„ que plus frais & moins pou-
„ dreux. „

„ Auguste sensible à une louan-
„ ge si délicate, voulut en con-
„ noître l'auteur, il lui promit une
„ assez grande récompense, & un
„ Poëte des halles s'étant hardi-
„ ment présenté pour la recevoir
„ avant que Virgile eut pris le parti
„ de se découvrir ; celui-ci juste-
„ ment piqué, fit afficher le mê-
„ me jour & au même endroit par
„ Collatus, cinq autres vers dont
„ quatre coupés par la moitié, de
„ manière que nul autre que lui ne
„ pouvoit les bien remplir, ce qui lui
„ réussit au point que l'imposture
„ fut aussi-tôt découverte, & le
„ Poëte Escroc, bien & dûment
„ hué, berné, conspué ; l'Empe-
„ reur informé de ce qui s'étoit

„ passé, honora *Collatus* du titre
„ de *Prototype des afficheurs* & le
„ chargea d'aller promulguer par
„ des affiches historiées dans tou-
„ te l'étendue de l'Empire, la cé-
„ lébration des jeux séculaires. Il
„ s'acquitta dignement de cette
„ commission, & n'oubliant rien
„ de ce qui pouvoit exciter la cu-
„ riosité des peuples, il mit par
„ maniére de préambule à ses affi-
„ ches, ces mots qui passerent en
„ formule *venez tous voir des jeux*
„ *que vous n'avez jamais vûs, &*
„ *que vous ne verrez jamais.* „

„ L'affluence des Nations qui se
„ rendirent à Rome pour la célé-
„ bration de ces jeux fut si gran-
„ de, qu'Auguste s'écria dans un
„ transport de joye, que c'étoit
„ pour lors qu'il tenoit véritable-
„ ment sous sa main l'Univers en-
„ tier, & que voulant donner à
„ Collius Collatus des marques
„ particuliéres de sa satisfaction,

DES COLPORTEURS. 365

,, il affecta à fes Defcendans le pri-
,, vilége & le droit de pouvoir
,, feuls de pere en fils, ou plûtôt
,, de fiécle en fiécle, faire de fem-
,, blables affiches & proclamations.
,, Toutes ces circonftances font
,, rappellées dans un refcrit datté
,, de l'an de Rome 737. fous le
,, confulat de C. Furnius & de
,, Junius Silanus, la veille des No-
,, nes du mois de Septembre ; de
,, forte que comme les Réglemens
,, faits par Augufte font ceux qui
,, qui ont été le plus religieufement
,, obfervés, il eft à préfumer que
,, les Colati ont paifiblement joüi
,, de ce droit jufqu'à l'extinction
,, des jeux. ,,

,, Mais l'ordre des tems exige
,, des Sieurs Commiffaires qu'ils
,, placent ici un fait fingulier dont
,, ils trouvent pareillement des vef-
,, tiges, pour ne pas dire des preu-
,, ves, dans les Annales *Collatines*;
,, c'eft que dans l'intervalle des

„ Jeux Séculaires célébrés par Do-
„ mitien, & de ceux qui le furent
„ sous Sept. Sévére, lorsque Tra-
„ jan vainqueur des Daces & des
„ Parthes, des Quades & des Mar-
„ comans, voulut tourner ses ar-
„ mes du côté de l'Inde, & sou-
„ mettre divers Peuples, dont le
„ langage, le nom même, étoient
„ inconnus à Rome ; il emmena
„ avec lui deux *Collati* ou Collats,
„ qui ayant toujours cultivé l'Art
„ des Affiches hiéroglyphiques,
„ s'en servoient dans les occasions
„ comme d'une Langue universel-
„ le : ils lui furent d'une grande
„ utilité dans le cours de cette
„ derniére Expédition, n'y ayant
„ rien qu'ils ne vinssent à bout de
„ faire entendre aux Barbares par
„ ces sortes d'Affiches. »

„ L'aîné de ces deux Collati
„ mourut de douleur à Ctésy-
„ phonte, le même jour que Tra-
„ jan : & le cadet, qui étoit tout

„ dévoué à Plotine, lui remit en
„ secret le Sceau du bon Empe-
„ reur, qu'il apposa lui-même par
„ ordre de la Princesse, aux Let-
„ tres d'Adoption antidatées dont
„ elle jugea à propos de gratifier
„ Hadrien. Dieu sçait! de quels
„ bienfaits le nouvel Empereur
„ l'auroit comblé, si l'on n'avoit
„ eu à Rome quelque soupçon sur
„ ces Lettres d'Adoption; mais la
„ crainte d'augmenter ce soupçon
„ par la présence du Fabricateur
„ même „ fit qu'Hadrien ne lui
„ permit pas d'y revenir, & que
„ non content de l'en tenir si éloi-
„ gné „ il l'envoya plus loin en-
„ core, rejoindre son pauvre frere.
„ Heureusement toute la race
„ des Collats ne périt pas avec lui;
„ l'Aîné avoit laissé à Rome deux
„ Fils qui y furent élevés par un
„ Affranchi zélé, & fidéle dépo-
„ sitaire des plus précieux talens
„ de la famille. Avec ce secours,

„ ils firent à leur tour des Établiſ-
„ ſemens aſſez avantageux. »

„ Un Enfant de ceux-ci qui avoit
„ particuliérement hérité du goût
„ de ſes Ancêtres, le perfectionna
„ par les voyages qu'il entreprit;
„ il parcourut d'abord la Gréce
„ avec Pauſanias, & les remar-
„ ques qu'il lui communiqua ſont
„ ce qu'il y a de plus beau dans la
„ deſcription que cet Auteur nous
„ en a donnée. De-là il paſſa en
„ Egypte, où il ſeroit à ſouhaiter
„ qu'il eût trouvé un compagnon de
„ voyage qui nous eût tranſmis de
„ même ce qu'il y recueillit ſur les
„ Hiéroglyphes, les Pyramides,
„ les Temples & autres Monumens
„ ſinguliers, avec plus d'élégance
„ & d'exactitude qu'il ne l'a été
„ par Ammien Marcellin, à qui
„ ſes Mémoires furent communi-
„ qués par quelqu'un de la fa-
„ mille. »

„ Les Sieurs Commiſſaires n'ont

,, rien trouvé dans le surplus des
,, débris hiſtoriques & généalogi-
,, ques échapés à l'injure des tems,
,, & produits par Emanuel Collat,
,, qui les mette en état de juger
,, de la figure qu'ont faite les Suc-
,, ceſſeurs de ce dernier Collatus
,, pendant le ſiécle ſuivant, & ils
,, attribuent ce *deficit* aux troubles
,, qu'excita dans l'Empire Romain
,, cette multitude de Tyrans qui
,, commencérent à s'y élever ſous
,, le régne de Gallien, & qui s'y
,, perpétuérent juſqu'à Maxence.
,, Alors ils retrouvérent un Colla-
,, tus attaché à Conſtantin, qui,
,, après ſa Victoire miraculeuſe,
,, lui accorde le Privilége de tra-
,, vailler ſeul, lui & ſes Deſcen-
,, dans, à ces Enſeignes chrétien-
,, nes & militaires connues ſous le
,, nom de *Labarum*.

,, Ce fut là, juſques ſous les der-
,, niers Empereurs Grecs, la prin-
,, cipale occupation des Collats,

„ qui devenoit tous les jours plus
„ lucrative, parce qu'à mesure que
„ la Religion s'étendoit, le *Laba-*
„ *rum* qui dans les commencemens
„ n'étoit guéres que l'enseigne des
„ Cohortes Prétoriennes, devint
„ peu à peu celle de presque tou-
„ tes les Troupes de l'Empire, &
„ que les contours, les broderies,
„ & les autres ornemens dont ils
„ enrichissoient ces enseignes ou
„ drapeaux, en faisoient un objet
„ de luxe & de dépense, qui, loin
„ de rebuter les Grecs, étoit pour
„ eux un nouveau sujet d'émula-
„ tion, au moindre changement
„ de mode. »

„ Les Collats, dont le nom pas-
„ soit alors pour un synonyme du
„ goût & de l'intelligence, se trou-
„ vérent aussi seuls en possession
„ de décorer les Dyptiques, &
„ de faire broder ces espéces de
„ mouches ou de serviettes, *map-*
„ *pæ circenses*, avec lesquelles les

DES COLPORTEURS. 271

,, Empereur ou les Consuls don-
,, noient le signal des Jeux ; mais
,, ce qu'ils firent de plus remar-
,, quable, & à quoi les gens de
,, lettres gagnèrent autant qu'eux,
,, ce fut l'usage qu'ils introduisirent
,, dans la transcription des Manus-
,, crits : au lieu de les écrire, com-
,, me on faisoit auparavant, sans
,, aucun intervalle, sur des feuilles
,, exactement collées les unes au
,, bout des autres, qui se roulant
,, ensuite sur des gorges ou petits
,, bâtons appellés *Umbilics* & sem-
,, blables à ceux de nos Cartes
,, géographiques, formoient quel-
,, quefois, quand on les déplioit,
,, des volumes de deux cens pieds
,, de long ; ils les firent copier sur
,, des feuilles qui tournoient l'une
,, sur l'autre, & dont toutes les
,, pages distribuées, & comme
,, encadrées dans des marges de
,, proportion, leur donnoient un
,, beau coup d'œil, en rendoient

„ la lecture infiniment commode,
„ & faisoient d'autant plus de plai-
„ sir aux lecteurs, que souvent ces
„ marges étoient chargées de vig-
„ nettes amusantes ou instructives.
„ Ils faisoient plus, ils distinguoient
„ les diférentes parties d'un même
„ ouvrage par de grandes minia-
„ tures, ils en plaçoient de moins
„ grandes au commencement de
„ chaque chapitre, & de plus pe-
„ tites encore dans les letres ini-
„ tiales de chaque *à linea*. „

„ Nos François en furent si frap-
„ pés dès le tems des premiéres
„ croisades qu'ils essayérent d'en
„ rapporter l'art en Europe où ils
„ l'appliquérent particuliérement
„ à embellir les Contes, Romans
„ & Fabliaux dont il nous ont
„ inondé; & cet art quoiqu'im-
„ parfaitement imité, leur a don-
„ né & leur donne encore un prix
„ qu'ils ne méritent pas par eux-
„ mêmes. „

,, A cette décoration interieure
,, des livres, les Collats en joigni-
,, rent une autre pour l'exterieur
,, qui ne contribuoit pas moins à
,, leur conservation qu'à leur or-
,, nement : c'étoient des relieures
,, en maroquin de diverses cou-
,, leurs, si artistement rapportées,
,, qu'on ne pouvoit en discerner
,, le joint ; avec des cartouches
,, magnifiques brodés d'or, d'ar-
,, gent & de soye qui renfermoient
,, le titre de l'ouvrage. Entre les
,, échantillons qu'Emanuel Collat
,, a produit de ces sortes de reliû-
,, res, les sieurs Commissaires ne
,, se sont point lassés d'admirer le
,, dessein de celle qu'un de ses An-
,, cêtres, Nicéphore Collat, avoit
,, faite pour les Mémoires de la vie
,, & du régne d'Alexis Comnéne,
,, redigés par Anne Comnéne sa
,, fille, qui en fut si satisfaite,
,, qu'en le recevant elle lui fit pré-
,, sent d'une belle Améthyste qu'el-

S

„ le avoit au doigt ; & que l'Em-
„ pereur non content de lui avoir
„ assigné une Pension de mille be-
„ zans à prendre sur tous les bains
„ du Palais, de la Ville & des
„ Fauxbourgs, lui fit l'honneur de
„ tenir sur les Fonts de Baptême
„ son fils aîné, à qui pour raison
„ de cette concession, il donna le
„ nom de *Nymphas Alexis*. „

„ Mais à quelles révolutions les
„ plus grandes fortunes ne sont-el-
„ les pas sujettes ! Demetrius Col-
„ lat arriére petit fils de Nicepho-
„ re, perdit subitement toute la
„ sienne au malheureux siége de
„ Constantinople : il avoit aux por-
„ tes de la Ville un riche Domai-
„ ne qui fut un des premiers postes
„ que les infidelles occupérent &
„ devastérent ; deux de ses fils Ba-
„ sile & Eusebe, furent tués sur
„ la breche le jour du terrible as-
„ saut qui soumit cette Ville célé-
„ bre au pouvoir des Turcs ; il y

„ a précisément aujourd'hui 87.
„ ans révolus. Demetrius lui-mê-
„ me dangereusement blessé, vou-
„ lant regagner sa maison où il
„ avoit laissé sa femme, & le plus
„ jeune de ses enfans avec quelques
„ domestiques, la trouva déjà pil-
„ lée, bouleversée ; & sans sa bles-
„ sure qui paroissoit mortelle, il
„ y auroit été chargé de fers en y
„ arrivant. La seule compassion
„ qu'inspiroit son état, lui sauva
„ la vie en ce moment, & les té-
„ moignages avantageux qu'on
„ rendit ensuite de sa probité au
„ Sultan, lui valurent sa liberté,
„ & celle des restes de sa famille
„ sans aucune rançon. Mahomet
„ II. qui après le succès, se piquoit
„ d'une certaine grandeur d'ame
„ envers les vaincus dont on lui
„ ventoit le mérite, lui permit de
„ passer en Europe avec Manfre-
„ donia Doria belle-mere de Fran-
„ çois Philelphe un des plus beaux

„ esprits du siécle dernier. Ils allé-
„ rent donc le joindre à Milan, &
„ passérent ensuite avec lui à Flo-
„ rence où Démetrius Collat resta
„ quelque tems, & vendit à Cos-
„ me de Médicis ses pierreries,
„ qui cachées dans un lieu secret
„ de sa maison de Constantinople,
„ avoient échapé aux recherches
„ des Turcs, entr'autres la belle
„ Amethyste d'Anne Comnéne ;
„ il l'accomoda aussi de quelques
„ manuscrits prétieux dont les
„ Turcs n'avoient fait aucun cas,
„ & que le Sultan lui avoit permis
„ d'emporter avec toutes les anti-
„ quailles qu'Emanuel Collat son
„ petit fils a exhibées aux sieurs
„ Commissaires, & dont ils ont
„ fait mention ci-dessus. „

„ De Florence, Demetrius Col-
„ lat passa en Allemagne pressé
„ par un des amis de Philelphe,
„ l'Abbé Trithéme, qui avoit la
„ rage d'approfondir les mystéres

„ des Egyptiens dont il ne trouvoit
„ qu'une idée superficielle dans ce
„ qu'Iamblique nous en a laiſſé,
„ & qui n'avoit pas moins d'envie
„ de ſe mettre au fait des diféren-
„ tes maniéres ſecretes d'écrire,
„ & ſur-tout des notes de Tiron,
„ qui après avoir fait aſſez long-
„ tems les délices d'une partie de
„ l'Allemagne & de la France, y
„ avoient été tout-à-coup telle-
„ ment abandonnées, que ceux
„ qui croyoient y entendre quel-
„ que choſe, paſſoient pour des
„ Sorciers. Demetrius Collat ſatis-
„ fit pleinement ſa curioſité ſur
„ tous ces articles, & c'eſt au
„ réſultat de leurs conférences que
„ nous devons la *Sténographie* &
„ quelques autres Traités que ce
„ ſçavant Abbé publia immédiate-
„ ment après : mais il ſe remit bien-
„ tôt à l'hiſtoire, dégoûté pour
„ toujours de ces autres minuties
„ laborieuſes & obſcures, plus pro-

„ pres à exercer la patience d'un
„ Moine desœuvré, que l'appli-
„ cation d'un homme de lettres. „
„ „ Demetrius Collat mourut à
„ Fulde dans un âge mémorable,
„ il avoit 103. ans 4. mois, 5. jours.
„ Michel Collat son fils, & pere
„ d'Emanuel, excité par la seule
„ réputation de notre grand Roi,
„ justement appellé le Pere des
„ Lettres & le Restaurateur des
„ Arts, n'hésita pas à venir s'éta-
„ blir en France avec sa petite
„ famille. Heureux si sa santé lui
„ avoit permis d'y travailler aussi
„ utilement pour sa fortune que
„ pour l'éducation de ses enfans!
„ Le Roi lui auroit accordé quel-
„ que ordre de Chevalerie, &
„ des lettres de Noblesse, comme
„ il lui accorda des lettres de Natu-
„ ralité, auxquelles Sa Majesté a
„ ajouté en faveur d'Emanuel
„ Collat des armoiries convenables
„ qui sont d'azur à trois échelles

,, d'or posées en pal, au chef cousu
,, de gueules, chargé d'une jatte ou
,, sceau d'argent, avec trois pin-
,, ceaux d'or en cimier, seize feuil-
,, les volantes ombrageant l'écu en
,, forme de lambrequins, & deux
,, Barbets de sinople pour sup-
,, ports. ,,

,, Fait à Paris le Mardi d'après
,, la Trinité de l'an 1540. dans la
,, seconde Salle de l'Hôtel de Ville
,, & sous le sceau des armes d'icel-
,, le. Le tout pour en tems & lieu
,, servir & valoir ce que de raison
,, audit Emanuel Collat. ,,

Ainsi signé,

† Pierre Evêque de Mâcon
Grand Aumônier de France.

Guillaume Budé Maître des Requêtes, Bibliothecaire du Roi, ancien Prevôt des Marchands.

François Vatable Abbé de Bellozane, Lecteur & Professeur Royal en langue Hébraïque.

Henry Etienne *Regis Typogra-*

phus, avec paraphe, & ces mots au-dessous,

Noli altum sapere.

Au bas desquelles signatures pend dans une Boëte à Filigrane de Corail, le Sceau des Armes de la Ville, qui sont de gueules à un navire d'argent flottant sur des ondes de même, ombrées du champ, au chef semé de France, avec cette Inscription formant un double cercle de lettres :

Paris sur toutes Villes prise,
La Nef représente l'Eglise.

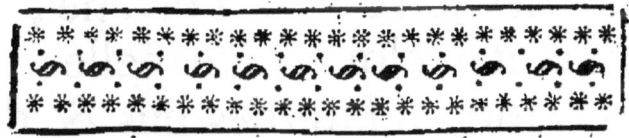

Si la justice qu'on doit aux autres n'empêche pas qu'on ne se la rende à soi-même, disons hardiment, Messieurs, & sans crainte d'être démentis, qu'entre tous nos envieux & nos plus ardens persécuteurs, il n'en est aucun qui soit décoré de titres aussi respectables que celui que je viens déposer à vos pieds, comme la base des prérogatives de l'illustre Société où vous daignez m'admettre. Mon âge plus que septuagénaire me permet d'y ajouter que je vois quelques-uns de ces Seigneurs-là occuper de grandes maisons, à la porte desquelles leurs grands-peres ont décrotté mes souliers quand j'allois au Collége ; ce qui m'a souvent fait creuser le cerveau pour découvrir si c'étoit là, comme on dit, de simples jeux de la Fortune, ou s'il y avoit quelque cause réelle de cette élévation subite des uns & de l'abaissement précipité des autres ; & je me suis enfin convaincu de la raison fondamentale du Proverbe, *Il n'y a point de bonheur pour les honnêtes-gens.* C'est que la probité engourdit son monde, le rend scrupuleux, modeste, timide, indolent, tandis que la misére effrontée toujours à l'affut du gain légitime ou non, se présente hardiment partout, enfonce les portes qu'elle ne peut ouvrir, & ne se fait faute de rien. Si j'étois plus jeune, je pourrois faire usage de cette découverte, & si j'avois des enfans, je pourrois leur en inspirer le courage, mais mes réfléxions & toute ma morale sont aujourd'hui en pure perte : il vaut donc mieux reprendre le fil de notre Histoire, que les Savans du siécle de François I. ont laissé à mon Trisayeul Emanuel Collat. Tout ce que j'en sai de plus, c'est qu'il mourut le jour même de la Saint Barthelemi 1572, & qu'on eut beaucoup de peine à le faire enterrer, parce qu'on ne croyoit pas que ce jour-là personne mourût de sa belle mort.

Son Fils unique, Théophraste

Collat mon Bisayeul, avoit été destiné à un métier fort différent de celui de son pere, mais son étoile l'y ramena. On vouloit le pousser au Palais, & pour le former aux affaires, on l'avoit mis dans l'Etude de M. le Clerc, qui l'aima tendrement, de même que sa femme; mais ce M. le Clerc, qui prit ensuite le nom de Bussi, sous lequel il s'est rendu fameux dans notre Histoire, passa subitement de la Robe à l'Epée, & de Procureur au Parlement, il en devint le Geolier, l'ayant conduit en personne à la Bastille, dont la Ligue lui avoit confié la garde. Il voulut que Théophraste Collat l'accompagnât dans cette Expédition, après laquelle il le présenta comme un Héros du second ordre au Cardinal Pellévé, au Duc de Guise & à toute la faction des Seize, qui lui firent un état convenable, & qui, pendant le Siége de Paris, l'établirent Afficheur & Courier en chef de la Sainte Union dans toute l'étendue de la Ville & des Fauxbourgs : cet Emploi tomba avec la Ligue, & l'Employé en fut pour ses apointemens échus.

Ce Théophraste avoit eu un grand nombre d'enfans, presque tous morts en bas âge, à l'exception de deux garçons, dont l'aîné plein des récits qu'il avoit si souvent entendu faire de l'opulence de ses Ancêtres à Constantinople, résolut d'y aller, & de pénétrer, s'il étoit possible, dans la Bibliothéque des Paléologues, où étoient ces beaux Manuscrits Grecs décorés de la main des Collats. On prétend qu'il y parvint, & qu'il n'y trouva que de la cendre encore chaude, parce qu'il n'y avoit que trois semaines au plus qu'Amurat IV. dans un accès de dévotion Musulmane, les avoit tous fait brûler ; mais que soit qu'il s'en repentît, soit qu'il fût bien-aise de laisser toujours cet appas à la curiosité des Chrétiens, il ne vouloit pas que le bruit s'en répandît : on ajoute que le Sultan informé de l'entreprise de notre jeune téméraire, le fit passer par les oubliettes, pratiquées dans un des cabinets de cette même Bibliothéque. Ce qui est vrai, c'est que jamais on n'a pû avoir de ses nouvelles, ni par les Voyageurs, ni par les Négocians, ni par les Ambassadeurs, ni par les Capucins, ni par les Peres de la Merci.

Par cet évenement, la famille se trouva réduite à Polycarpe Collat mon grand-pere qui se dévoüa au service de la Fronde, comme son pere l'avoit été à celui de la Ligue ; il avoit fait ses classes avec un M. Bachaumont jeune Conseiller surnommé *le Parain de la Fronde*, parce qu'il avoit fait le mot, & s'en étoit servi plusieurs fois en frondant l'avis de son propre pere dans une assemblée des chambres: il étoit aussi extrêmement lié avec Scarron, Mezerai & quelques autres Esprits caustiques qui travailloient sous cape aux piéces les plus séditieuses qu'on lâchoit contre la Cour & ses Ministres, c'est ce que nos curieux appellent aujourd'hui des *Mazarinades*; elles pleuvoient à foison, il en paroissoit tous les jours de nouvelles, & pour les avoir de la premiére main, il falloit les tenir de Policarpe Collat qu'on nommoit avec d'autant plus de raison, *le Pere aux Brochures*, qu'il avoit d'ailleurs cinq ou six jeunes filles qui n'étoient pas les piéces les moins piquantes du Magazin.

L'Aînée de ces filles, Mademoiselle Collete, étoit aussi estimée pour la gentillesse de son esprit que pour celle de sa figure; elle gravoit fort proprement, & s'entretenoit de même du seul produit d'une espéce d'Almanach qu'elle avoit inventé, & qui légérement tracé fur des tablettes d'yvoire, contenoit prefque tout ce qu'on pouvoit défirer d'utile ou de curieux pour le commerce ordinaire de la vie dans le courant de l'année. M. le Coadjuteur depuis Cardinal de Retz, à qui elle avoit coûtume d'en donner un tous les ans pour fes étrennes, la maria à un de fes Secretaires qu'il fit fon Intendant en faveur de ce mariage : ce petit M. quoiqu'avec une affez baffe mine, ne manquoit pas d'efprit, il fe nommoit Jacques Colomb, prétendoit defcendre du célébre Chriftophe Colomb, & en recueillir un jour toute la fucceffion, fi trois autres branches feulement, qui n'avoient fur lui que l'avantage d'un degré, venoient à manquer; d'autres gens plus au fait, fans doute, que je ne le fuis des Généalogies, n'en croyoient rien & le foupçonnoient d'être Juif, parce qu'il aimoit beaucoup l'Hebreux, & le lifoit tout courant, même fans points.

Quoiqu'il en foit, M. Colomb & Mademoifelle Collat jouirent du fort le plus heureux jufqu'au moment où la Fronde abbatuë & diffipée, força fon Eminence à déguerpir & à retrancher inhumainement fon train & fes amours. Toute autre que notre Héroïne auroit été confonduë par un revers fi peu attendu ; il n'y parut pas, elle fe remit tranquillement à fes petits Almanachs dont l'interruption n'avoit fait qu'augmenter le défir, & à qui la circonftance du renouvellement donna une telle vogue, que toute la Librairie en rumeur fondit fur l'ouvrage & fur les Ouvriers, faifit, verbalifa, &c. Elle effaya envain d'appaifer la Communauté furibonde par l'offre d'une petite fomme pour faire recevoir fon mari Libraire, on la renvoya

voya bien loin, mais elle n'y fut pas, elle alla se jetter aux pieds du Chancelier Seguier, qui après une audience particuliére, lui fit expédier un Arrêt du Conseil qui accordoit gratuitement à son mari la place de Libraire qu'elle avoit demandée pour de l'argent, celle d'Imprimeur à laquelle elle n'avoit pas songé, & le privilége exclusif des Almanachs en question.

Ce coup d'autorité qui sembloit l'effet d'un grand credit, mit les Libraires à la raison; les Syndic & Adjoints furent les premiers à venir lui en faire des complimens, & à l'assurer qu'ils avoient été entraînés, malgré qu'ils en eussent, par le gros de leurs assemblées tumultueuses; Elle leur répondit en femme qui les auroit cru & qui n'y entendoit pas finesse; & comme dans le tems de sa plus grande prospérité, elle ne s'étoit distinguée que par une modestie cossuë, toujours

T

supérieure à un luxe mal entendu, elle ne se distingua en cette occasion que par une politesse & un sang froid fort au-dessus de l'insolence des triomphes ordinaires.

Voilà les Almanachs qui prennent une forme & une faveur nouvelle; ce ne sont plus de simples morceaux d'yvoire tournans sur une virole comme des Eventails, ce sont de vrais livres d'une impression mignone mêlée de gravûres, & qui, quoique plus petits & plus legers qu'aucune tablette, contiennent cent fois davantage : on les produit à la Cour avec les armes du Roi, des Princes & des Grands; la Ville n'en est pas moins avide, on se pique d'en avoir des premiers & des plus beaux, & on n'oseroit sortir le jour de l'an sans en avoir une douzaine dans ses poches pour en donner aux amis qu'on rencontre, comme on leur donnoit autrefois des dragées ; on examine s'ils ne sont point contrefaits, s'ils portent les chiffres de M. Colomb & de Mademoiselle Collat, tout le monde s'accorde à les appeller des *Collombat*, & ce nom immortel est adopté par toute la famille, qui a d'ailleurs l'avantage de ressembler à ses Almanachs comme deux goutes d'eau.

Parlez-moi de cela, Messieurs, & avouez qu'un grain de bonheur reléve bien le goût d'une saulce d'esprit.

Je ne me souviens pas du nom de Baptême des deux autres de mes Tantes qui suivoient de près Madame Colombat, je sçais seulement que la premiére qui faisoit d'assez mauvais vers avec une extrême facilité & qui étoit inépuisable en Enigmes, Rébus & Logogryphes épousa un M. l'Afichard du Mans, & que ses talens & ses succès se sont perpétués dans toute sa progéniture par la seule force du sang. L'autre qui étoit Filleule du célébre M. du Cange, avoit appris de lui, & l'avoit ensuite aidé lui-même à déchiffrer les vieux Parchemins enfumés & grésillés dont il faisoit continuellement usage ; il avoit voulu lui faire épouser le fils de son Libraire, mais ne pouvant se résoudre à s'appeller Madame Moëtte, elle le refusa séchement, & lui préféra un M. Pancartiers Receveur de l'Abbaye de Tiron en Beauce.

J'en avois une quatriéme avec qui j'ai long-temps vêcu, parce que n'ayant jamais voulu se marier, elle étoit toujours restée avec feu Gabriel Collat mon pere, que Dieu absolve ; prenant soin de sa maison, de ses enfans, & le soulageant beaucoup dans ses diférentes occupations ; elle s'appelloit Barbe Collat, & par une plaisanterie qu'elle souffroit volontiers *Barba-colle*. Son esprit quoique guay & amusant, étoit naturellement porté aux méchaniques ; Elle avoit entr'autres, inventé & exécuté deux sortes d'échelles brisées très-singuliéres, toutes deux solides & légéres, & de si peu de volumes, qu'elle les portoit sous le bras dans un sac à ouvrage. L'une de ces échelles étoit une espéce de zigzag assez semblables à ceux dont les Ecoliers se servent pour des malices de carnaval ; les deux extrêmités de ce zigzac étoient plattes, & en mettant au bout de chacune une Affiche enduite de colle au revers, elles se plaquoient toutes seules comme deux tableaux en pendant à l'endroit où elles étoient dirigées : l'autre étoit une échelle de sangle à ressort qui s'élevoit & s'abaissoit en un instant comme nos meilleurs Stores ; & avec cette échelle elle posoit & affichoit en un clin d'œil tout ce qu'on vouloit, jusqu'à la hauteur d'un second étage ; elle nous en donnoit quelquefois le plaisir, & ce qui l'augmentoit beaucoup, c'est que de-dessus le dernier échelon, elle chantoit & dansoit aussi librement qu'elle auroit fait dans sa chambre, avec cette circonstance que par un seul pli de cotillon artistement ménagé, elle ne donnoit pas la moindre prise aux Curieux, qui se tenoient au pied de l'échelle, sous prétexte de l'assurer.

J'ai peu de choses à vous dire de mon pauvre Pere, il étoit connu de la plûpart de MM. vos Anciens pour la meilleure pâte d'homme qui fût au monde, le plus aisé à le tromper, & qui se trompoit lui-même tout le premier; j'étois sa belle passion, il m'avoit fait étudier comme pour être Imprimeur, & tous les premiers jours du mois, il faisoit serment de s'épargner le plus qu'il lui seroit possible pour subvenir aux frais de mon éducation.

DES COLPORTEURS.

Pendant les huit premiers jours, il se privoit quelquefois du plus nécessaire, & regardoit avec complaisance le fruit de son épargne, mais elle n'alloit jamais jusqu'au quinze, que persuadé qu'il y en avoit assez pour lui & pour moi, il commençoit à en retrancher quelque chose, & que s'oubliant peu à peu, il n'y laissoit rien. Alors il pleuroit comme un veau, ne parloit pas moins que de s'aller noyer, & l'auroit peut-être fait réellement, si ma bonne Tante qui amassoit avec plus d'art & de constance, & qui lui pilloit son propre magot quand il étoit hors d'état de s'en appercevoir, n'eût fait semblant d'emprunter à ses amis pour nous tirer d'affaire.

Sa petite curiosité consistoit principalement dans un ample Recueil de Billets d'Enterremens qui remontoient bien au-delà du siécle; il lui en manquoit peu, parce qu'il travailloit pour les Jurés-Crieurs, & qu'il étoit continuellement à leur Bureau. Par le moyen de ces Billets, des notes, & quelquefois des Piéces originales qui s'y trouvoient jointes, on voyoit l'extinction totale, ou l'accroissement prodigieux de diverses familles, soit dans la personne, dans les biens ou dans les titres : on y trouvoit aussi la preuve de quantité d'hommes nouveaux intrus dans les plus anciennes, & qui par l'acquisition de leurs terres patrimoniales, en avoient usurpé le nom & les armes, qu'ils soutenoient plus par leur opulence que par leurs sentimens. Un Magistrat du premier ordre qui étoit dans le cas, fit intenter contre lui par un de ses Emissaires une accusation grave & capitale, qui, à la vérité, n'avoit aucun fondement, mais sous le prétexte de laquelle s'étant commis lui-même à la visite & descente qu'on devoit faire chez l'Accusé, il y examina ce Recueil tout à son aise, & en brûla ce qui lui convint, après quoi il ne fut plus parlé du procès que comme d'un simple *qui pro quo* ; cependant mon pauvre pere inconsolable & toujours occupé de cette déconfiture, tomba dans une langueur contre laquelle échoüérent tous les remédes de la Faculté ; il mourut en quelque sorte sur la brêche de son Recueil, & moi je vendis le reste à l'Epicier du coin, dans les premiers momens de la douleur que sa mort me causa.

J'avois un objet tout diférent, & bien plus utile pour mon commerce ; c'étoit de donner tous les mois une liste générale & raisonnée de tout ce qui s'affichoit dans le Royaume, & même dans les Pays Étrangers où j'entretenois exprès des correspondances : mais il faut rapporter la gloire du projet à son véritable Auteur, vous l'avez tous connu, un M. du Gône qui avoit passé soixante dix ans de suite dans la grande Salle ou dans les buvettes du Palais; homme grand & sec, qui avec sa tête chargée de douze cheveux blancs comme neige, & précisément de la longueur d'une aulne, étoit le portrait de l'hyver le plus ressemblant qu'on ait jamais vû : Il ne diféroit, me disoit-il, l'exécution de son projet des affiches, que parce qu'il vouloit le commencer par le titre de vingt-cinq ou trente de ses ouvrages choisis sur une centaine qu'il comptoit faire imprimer en moins de six mois. Le pauvre homme mourut à la peine, à l'âge de 100. ans, sans en avoir laissé deux lignes.

Quand je me vis déchu des espérances qu'il m'avoit données, & libre des égards que je croyois lui devoir, je repris mon premier plan sur lequel nous n'avions jamais été d'accord. Je mettois à la tête de l'ouvrage une histoire des affiches, où le procès-verbal des illustres Commissaires du regne de François I. que je viens de vous communiquer, ne figuroit pas mal; je disposois le reste, c'est-à-dire, le fond du Recueil, non servilement & suivant les dattes ou la grandeur des affiches, mais par ordre des matiéres toujours également remplies; parce que quand il arrivoit que quelqu'une ne fournissoit pas assez, j'y suppleois par des articles de ma façon, capables d'amuser, & souvent propres à donner des vuës utiles: vous en jugerez par l'échantillon que vous en trouvez joint à ce Mémoire. Enfin j'étois fort content de moi, quand le Diable qui ne dort, me joua le tour sanglant qui depuis dix ans me retient dans ses pates crochuës.

Un soir que je rentrois chez moi d'où je ne faisois que de sortir, je

trouvai un jeune homme qui m'attendoit, disoit-il, depuis plus de deux heures ; il étoit bien mis, d'une figure assez aimable, & d'un air plein de candeur. Lui ayant demandé ce qu'il souhaitoit de mon ministére, il ne me répondit d'abord que par un torrent de larmes qui s'arrêta enfin pour faire place à ces mots entrecoupés. ,, Vous
,, voyez un honnête homme acca-
,, blé de la plus vive douleur, ou-
,, tré de la perfidie d'une femme
,, que j'aimois & que peut-être
,, j'aime encore à la folie, d'une
,, femme que j'ai comblée de biens,
,, & qui sans aucun sujet, à pro-
,, fité d'une absence de trois jours
,, que j'ai été obligé de passer à la
,, campagne chez mes Parens,
,, pour déménager, disparoître, &
,, se jetter entre les bras d'un mal-
,, heureux qui sera le premier à l'a-
,, bandonner, quand il lui aura man-
,, gé tout ce qu'elle m'emporte. ,,

Là recommence la débacle des pleurs, le torrent passé par dessus toutes les digues, & n'espérant pas d'en suspendre sitôt le cours, je prend le parti du silence & la patience du paysan qui n'avoit jamais vû de riviére; je n'attends pas tout à fait si longtems, le pauvre enfant se calme & poursuit ainsi.

,, J'ai recours a vous, mon cher
,, Monsieur, je sçais pour l'avoir
,, oui dire à plusieurs Libraires qui
,, me fournissent des Livres, que
,, personne ne posséde l'art des affi-
,, ches au point que vous le possé-
,, dez, qu'ils vous consultent sou-
,, vent, & qu'ils s'en trouvent tou-
,, jours bien. Or, j'ai pensé que
,, si vous m'en faisiez une qui ex-
,, pliquât allégoriquement & bien
,, pathétiquement mon histoire,
,, c'est-à-dire mon infortune, &
,, les dangers où s'expose sans le
,, sçavoir, l'infidéle que je pleure,
,, il arriveroit de deux choses l'u-

,, ne, où que j'acheverois de la
,, mettre dans son tort de maniére
,, qu'elle n'auroit jamais de repro-
,, che à me faire, ou ce qui me
,, flatteroit bien plus, que je lui dé-
,, sillerois les yeux, & qu'elle re-
,, viendroit à moi pleine d'un re-
,, pentir qui seroit le plus sûr gage
,, de sa tendresse & de sa fidélité.
,, Mettez le prix qu'il vous plaira
,, à ce que je vous demande, je ne
,, le trouverai point trop fort, je
,, vous ouvre sans reserve mon
,, cœur & ma bourse, & je croi-
,, rai toujours ma reconnoissance
,, au dessous du bienfait. ,,

Une passion si bien exprimée se communique aisément ; j'entrai dans sa peine, je saisis son idée, je lui promis de la mettre dans un beau jour, & que le lendemain il en verroit une bonne esquisse.
,, Qu'entens-je, s'écria-t'il, *de-*
,, *main ? une esquisse ?* Quoi ! ne
,, sçauriez-vous par pitié & au prix

,, de l'or, me sacrifier cette nuit,
,, nous la passerons ensemble, je
,, vous aiderai, & tout sera fini
,, avant le jour. ,, Je vois bien,
lui repliquai-je, que vous ne dormez guére, & que vous ne demandez qu'à travailler toute la nuit ;
moi je suis tout le contraire, il
faut que je dorme, sans quoi la
plume, les outils, tout me tombe
des mains; ce que vous n'êtes pas
content d'avoir en un jour, vous
l'attendriez huit, & n'auriez rien
qui vaille ; il ne s'agit quant à présent que de me donner les éclaircissemens dont j'ai besoin pour
mieux désigner la personne.

Il ne se le fit pas dire deux fois,
& sans me donner la peine de le
questionner, il ne me laissa rien ignorer sur la taille, la figure, l'âge
l'encolure & le poil de la bête.
Qu'il me détailloit voluptueusement les particularités les plus secrettes de leur union ! mais il reve-

noit si souvent à la charge sur le même objet, qu'entendant sonner minuit, je le mis à la porte, en lui disant, adieu, Monsieur, j'en sçais plus qu'il ne faut. Apelle n'aura pas mieux peint la belle Grecque qu'Alexandre lui céda.

Je songeai toute la nuit à cette affiche singuliére, & je commençois à peine à m'endormir quand je fus réveillé par les coups qu'on frappoit à ma porte ; c'étoit mon amoureux qui pour s'excuser, me dit qu'il avoit pris le parti de venir de grand matin & de ne s'en retourner que le soir pour n'être pas reconnu dans le quartier. Vous ne ferez que m'embarasser, lui dis-je, allez-vous-en, si vous n'aimez mieux rester ici sous la clef dans une chambre au-dessus de la mienne, parce que si vous m'interrompiez le moins du monde, je quitterois tout : Il y consentit, & je composai mon Affiche malgré ses piétinemens continuels

tinuels qui m'étourdiſſoient autant que ſi je l'avois eû à mes côtés. Enfin, j'allai le délivrer, plus défait & plus pâle que la mort, mais il reprit couleur en liſant cette affiche ſi impatiemment attenduë : Elle avoit pour titre :

CENT LOUIS A GAGNER ;

CHIENNE PERDUE.

Rien d'eſſentiel n'y avoit été oublié, il n'y trouva que deux mots à ajouter, & je les ajoutai par pure complaiſance. Je l'avois diſpoſée de maniére que chaque article du ſignalement tenoit une ligne juſte, & que chaque ligne commençant par une grande lettre, ces grandes lettres formoient enſemble par acroſtiche le nom chéri qui ſautoit aux yeux. Je l'imprimai avec des caractéres à jour; & au milieu de la nuit ſuivante, j'allai

V

avec le Zigzag de ma bonne Tante Barba-colle, en planter six exemplaires au-deſſous, au-deſſus & à côté des fenêtres du nouvel appartement qu'il avoit ſçû qu'occupoit la Dame fugitive, autant à ſa porte, autant à celle de ſon nouvel Amant, & deux à celle de leurs amis communs.

L'Affiche fit grand bruit, je m'y attendois; mais ce à quoi je ne m'attendois point, c'eſt qu'elle eut le ſuccès que Richard Minutolo en avoit eſpéré. Dans les vingt-quatre heures, il fut parlé de raccommodement, & la Doguine rejoignit ſon Roquet, qui le lendemain ſur le midi, vint me faire part de ſa joie & m'apporter cinquante piſtoles de gratification par-deſſus les cent qu'il m'avoit données la ſurveille. Il n'eut garde de me dire que dans les tranſports de ce raccommodement, il avoit eu la foibleſſe de révéler tout le miſtére de l'Affiche; il me dit seulement qu'il donnoit à la reconnoissance le premier moment dont il avoit pû disposer, que la Dame avoit absolument voulu aller à la Messe, & faire en quelque sorte une abjuration solemnelle de son erreur. La chienne qu'elle étoit ! elle ne songeoit à rien moins; elle avoit pris ce prétexte pour aller trouver le premier Magistrat de la Police, qu'elle connoissoit & qui la lorgnoit depuis long-tems. Après lui avoir conté son Histoire, & lui avoir donné les plus grandes espérances, s'il la vengeoit de moi d'une manière qui marquât le prix qu'il mettoit à l'honneur de ses bonnes graces, leur marché fut bien-tôt conclu, il se seroit engagé à me faire pendre, si elle l'avoit demandé.

Ce jour-là même, entre chien & loup, je fus enlevé à quatre pas du logis par des Alguasils qui me jettérent dans un fiacre & me menèrent à la Bastille, où en arrivant on me mit dans un cul de basse fosse au pain & à l'eau. Je n'aspirois qu'au moment d'être interrogé, & je ne le fus qu'au bout de trois jours : mon interrogatoire fut précédé d'une espéce de sermon sur la nature du crime dont j'étois accusé. Le premier point m'annonçoit qu'il alloit droit à la Gréve en cas d'obstination, de réticence & de mauvaise foi : le second m'offroit en perspective une punition courte & légére, si j'avois le bon esprit de me rendre la justice favorable par un aveu sincére.

On pense bien que ce fut le parti que je pris, & y en avoit-il un autre à prendre ? On parut content du détail ingénu que je fis de tout ce qui s'étoit passé à ce sujet ; mon Juge, que je ne regardois qu'en frissonnant, me rassuroit : Mettez, me dit-il, par écrit tout ce que vous venez de m'exposer,

& avec plus d'étendue encore, s'il est possible, pour ne laisser aucun soupçon sur votre ingénuité & sur la vérité des faits; vous me donnerez cet écrit quand je reviendrai, ce sera dans quatre ou cinq jours au plus tard.

Il vint en effet, mais accompagné de quatre Conseillers-Commissaires qu'il s'étoit fait donner pour Adjoints par un Arrêt d'Attribution qu'il avoit demandé pour me juger en dernier ressort; on m'amena en leur présence, on me mit sur la sellette, & je ne prévins le nouvel interrogatoire qu'on vouloit me faire subir, qu'en présentant ma déclaration par écrit : le Greffier la lut à haute voix; Messieurs parurent satisfaits & suffisamment instruits. On me fit passer à la geole du Greffe pour aller aux Opinions, & le moment d'après, on me ramena pour entendre prononcer la Sentence qui me condamnoit à une prison perpétuelle.

C'est à ce beau titre là que je suis depuis dix ans à la Salpêtriére, où l'on m'a d'abord tenu fort serré ; on m'y a donné ensuite un peu plus de liberté, j'y ai du Papier, de l'Encre, des Livres, & je prévois que dans quelque tems on pourroit bien m'y charger de quelque emploi qui, en me rendant utile à la maison acheveroit de soulager mon ennui. Je me suis fait une raison sur le reste. Comment pourrois-je reparoître dans le monde, après une flêtrissure que je n'ai non plus été élevé à souffrir que M. L. D. Et comment pourrois-je espérer d'avoir de la postérité, sans faire quelqu'allience indigne du nom des Collats ? Mais il ne faut pas, Messieurs, que le récit de mes malheurs me fasse oublier que je vous ai promis un échantillon des articles de supplément que j'avois préparés pour ne jamais laisser de vuide dans

DES COLPORTEURS. 311
les diférens Chapitres de mon Recueil d'affiches ; je vais vous le transcrire ; j'en ai bien encore trente fois autant, & je m'engage de plus à ne vous en jamais laisser manquer quand vous serez à portée d'en faire usage, sous une condition bien simple, & qui me paroît d'autant plus juste, qu'elle tend à perpétuer le glorieux souvenir d'une profession que mes ancêtres ont si fort illustrée ; c'est que tous les Syndics que vous élirez à l'avenir, soient obligés, sous peine de nullité, en signant les actes de leur Syndicat, d'ajouter toujours à leur nom ordinaire, celui de *Collat*, fut-ce *le Pape*.

SUPPLEMENT

Pour le Recueil des Affiches de Paris.

TERRES.

Le Fief *du Trébuchet*, provenant de la succession de Madame *Cornichon*. Ce Bien situé près de *Mirebaux* Paroisse de Saint *Guignolet*, est en très-beaux droits, & les fruits en sont faciles à recueillir, il consiste dans une *pipée* qui se fait journellement, & où l'on prend à volonté des oiseaux de grand prix.

MAISONS.

Ruë du *Cheval-verd* près la ruë *des Postes*. C'est un Pavillon placé entre cour & jardin, fort convenable pour la retraite d'une Dame de bien qui a été beaucoup du monde, ou pour servir de maison de campagne à quelque Prélat entre deux âges; il n'y a point de ruë sur elle, & on voit de la Salle à manger le clocher de Ste. Géneviéve, le Dôme de la Sorbonne, & l'Eglise de St. Médard. Outre la porte d'entrée sur laquelle est un St. Michel, il y en a deux qu'on apperçoit à peine, & qui peuvent être d'une grande commodité, l'une est tout joignant le Séminaire des Anglois, & tient à une porte de communication de laquelle quelques Seminaristes ont l'usage. L'autre qui donne dans la *Ruë du Pui qui parle*, est placée vis-à-vis une *maison d'éducation pour de jeunes Brodeuses* tenuë par *Mademoiselle de la Croix*, personne d'une conduite exemplaire, & c'est à elle qu'il faut s'adresser pour voir le Pavillon en question.

AVIS.

Lanternes à l'usage des Dames pour se guider dans la nuit, il ne faut qu'en prendre une de chaque main, & on est sûr de ne s'égarer jamais ; cette découverte est de l'invention d'une Demoiselle de *Saverne* qui a eû la générosité de ne point demander de Privilége exclusif,

Poudre Sympatique à l'usage des *Tuteurs* des jeunes Demoiselles & des *Maris jaloux*. Tel en est l'admirable effet. Mettez-en seulement une pincée imperceptible sur l'orteil du pied gauche de la Demoiselle en question, quand ce seroit pardessus sa mule ; prenez-en pareille quantité que vous placerez sous la jointure de votre genouil droit. Aussi-tôt, fussiez vous éloigné de deux, quatre, jusqu'à dix lieuës (mais la vertu ne vous suit pas plus loin) vous serez averti, affecté, remué, saisi de toutes les idées, passions, mouvemens, joye, inquiétude qui se passent successivement dans la personne qui vous intéresse ; si elle chante, vous préluderez malgré vous ; si elle danse vous sauterez ; si elle se moque de quelqu'un, vous vous sentirez donner des camouflets ; si elle est bien aise, vous rirez en enrageant ; si elle mange, boit, & par hazard s'enyvre, vous mâcherez à vuide, & vous ne pourrez vous tenir sur vos jambes. Si elle prend médecine vous n'en aurez que faire; enfin vous serez instruit exactement de toute sa conduite; & ce qui est plus merveilleux encore, c'est que lorsqu'elle vous fera une infidélité, vous courrez les champs, & vous ne direz que des extravagances jusqu'à tems qu'elle revienne à vous aimer. Secret admirable pour n'être jamais dupe & ne pas mourir de gras fondu.

PRIVILEGE EXCLUSIF.

Une Seringue à l'usage des personnes exactement modestes.

Elle est susceptible d'extension & se plie d'une maniére que d'une chambre à l'autre on peut insinuer un clistére à une personne qui ne voit pas. La canule, par un effet sympathique, va d'elle-même se placer avec un ménagement & une aménité très-consolante au lieu de sa destination.

Un Maître ès Arts né en Auvergne & âgé de vingt-deux ans, a découvert une méthode très-étendue & très-facile pour enseigner les Humanités au fils d'une jeune Veuve, ou au neveu d'une jeune Demoiselle qui a renoncé au mariage. Il va donner ses leçons de deux jours l'un, & à des heures réglées, depuis huit du matin jusques à quatre de l'après-dînée. Il ne prend que six francs par cachet; on peut prendre deux leçons de suite, en donnant un cachet de plus.

VENTES OU INVENTAIRES.

Vente de plusieurs meubles, bijoux précieux & curiosités, après le décès d'une Dame de qualité qui est morte de consomption.

1°. *Le carosse de la Maréchale de Clerambaud*, en très-bon état, quoique la Dame, qui vient de mourir, s'y promenât sept fois la semaine, mais toujours la nuit, pour l'empêcher d'être gâté par l'ardeur du soleil.

2°. *Un cornambule*, animal qui ressemble à l'homme, à s'y tromper, & qu'on a conservé parfaitement dans de l'esprit de vin.

3°. Deux tableaux mouvans, dont le premier représente le songe de la Maréchale de Rochefort; & le second, le rhumatisme de Madame Voisin. On y trouvera encore d'autres curiosités dignes d'attirer les personnes de la Cour.

MELANGES.

Réfléxions sur la Beauté, où l'on examine quelle est la raison de la préférence qu'on donne aux beaux viſages ovales ſur les beaux viſages ronds, & les avantages réciproques de ces deux figures dans le corps humain. *Par un Seigneur Allemand qui a beaucoup voyagé.*

DISSERTATION ſur l'origine des Allumettes, où l'on traite la queſtion de ſavoir ſi celles des Anciens étoient comme les nôtres, ſouffrées par les deux bouts; pour ſervir de ſupplément à l'Hiſtoire ancienne de M. R * *

TRAITÉ des ſcrupules qui ſe lèvent le ſoir, & des parenthèſes qui ſe ferment le matin. *Ouvrage poſthume* de Madame Jacques l'Eventailliſte.

DISCOURS tendant à prouver que le bas monde n'eſt plein que de trompeurs, de trompés, & de trompettes. *Traduit de l'Italien de Franceſco Maria Rotolato di Volaterra.*

Le plaisant & délectable Jeu de l'Oye, renouvellé des Grecs & représenté en figures de ronde bosse tournantes. *Par Jean Broche le cadet, Rôtisseur de la Ruë aux Ouës.*

Observations grammaticales sur une Consultation de M. Sylva pour une jeune Dame qui s'étoit démis le croupion, la premiére nuit de ses Nôces. *Par l'Auteur des Synonymes de la Langue Françoise.*

MEMOIRE pour un Monsieur qui n'y est pas, contre une Dame qui prétend qu'il y est.

FIN.

www.ingramcontent.com/pod-product-compliance
Lightning Source LLC
Chambersburg PA
CBHW050733170426
43202CB00013B/2267